1

"Liderança de Qualidade: Guiando o Caminho para o Sucesso"

Prefácio

A liderança é uma jornada fascinante que nos desafia a crescer, inspirar e influenciar aqueles ao nosso redor. É um domínio em constante evolução, moldado pelas circunstâncias, pela cultura e, acima de tudo, pelas pessoas que lideramos. Este livro é uma exploração profunda desse universo dinâmico e complexo da liderança.

À medida que navegamos pelas páginas deste livro, você será conduzido por um caminho que aborda tanto os aspectos fundamentais quanto as nuances sutis da liderança. Você encontrará insights inspiradores de líderes visionários que moldaram o curso da história e exemplos práticos de líderes contemporâneos que estão moldando o futuro.

A liderança não é um privilégio reservado para alguns; é uma habilidade que pode ser desenvolvida por qualquer pessoa que esteja disposta a aprender, crescer e se adaptar. Este livro oferece uma variedade de ferramentas, estratégias e princípios fundamentais que o ajudarão a se tornar um líder mais eficaz, independentemente de sua experiência atual.

No mundo em constante mudança em que vivemos, a liderança é mais importante do que nunca. Ela desempenha um papel vital em nossas organizações, comunidades e nações. A capacidade de liderar com compaixão, empatia e visão é o que nos capacita a enfrentar desafios e a criar um futuro melhor.

Ao longo deste livro, você será desafiado a refletir sobre suas próprias experiências e crenças sobre liderança. Será incentivado a se esforçar para se tornar o melhor líder que pode ser, não apenas para si mesmo, mas para o benefício daqueles que o rodeiam.

À medida que você mergulha neste livro, lembre-se de que a liderança é uma jornada contínua. Não há um destino final, mas sim uma busca constante pela excelência e pela capacidade de inspirar e influenciar de maneira positiva.

Que este livro seja uma fonte de inspiração e conhecimento à medida que você embarca em sua própria jornada de liderança. Que ele o capacite a liderar com confiança, sabedoria e compaixão.

Preparado para começar esta jornada? Vamos explorar o mundo da liderança juntos.

Boa leitura e boa liderança!

Alexandre Candido

Capítulo 1: Os Fundamentos da Liderança

A liderança é uma jornada fascinante e complexa, uma busca incessante para se tornar um líder eficaz, inspirador e influente. Este livro é uma exploração profunda das fundações da liderança, destinado a capacitá-lo a se tornar um líder excepcional, independentemente de sua experiência atual. Começaremos nossa jornada com os fundamentos da liderança, pois a compreensão sólida desses princípios é essencial para construir uma base sólida para sua jornada de liderança.

Neste capítulo, mergulharemos nas raízes da liderança, definindo o que é ser um líder, explorando os traços e habilidades fundamentais necessários, e entendendo por que a liderança desempenha um papel vital em todos os aspectos da vida. À medida que exploramos esses fundamentos, você estará se preparando para construir seu próprio estilo de liderança, adaptado às suas aspirações e ao seu contexto específico.

Prepare-se para uma jornada emocionante, na qual você irá aprimorar sua compreensão dos princípios centrais da liderança e começar a desenvolver as habilidades e a mentalidade necessárias para se destacar como líder em qualquer empreendimento que escolher. Vamos começar a construir os alicerces da sua jornada de liderança extraordinária.

Definindo Liderança: O Que É Ser um Líder?

A liderança é um conceito multifacetado e muitas vezes evasivo, que tem intrigado pensadores, acadêmicos e líderes ao longo da história. Para formar líderes de qualidade, é fundamental começar com uma compreensão sólida do que é ser um líder. Neste capítulo, exploraremos as principais características e definições de liderança, dando os primeiros passos para compreender esse papel crítico.

O Poder da Influência

Liderança é, em sua essência, sobre influência. Um líder é alguém que tem a capacidade de influenciar outras pessoas em direção a um objetivo ou visão comum. Essa influência não é exercida por meio do medo ou da autoridade coercitiva, mas sim por meio de respeito, inspiração e exemplo pessoal. Líderes eficazes não apenas comandam; eles inspiram e motivam suas equipes a alcançar resultados excepcionais.

Visão e Direção

Outro aspecto fundamental da liderança é a capacidade de fornecer visão e direção. Um líder é alguém que consegue articular uma visão clara do futuro e definir um caminho para alcançá-la. Isso implica a habilidade de definir metas, criar estratégias e comunicar essas informações de maneira que inspire e mobilize outros para segui-las. A visão é o farol que guia a jornada, e o líder é responsável por iluminar o caminho.

Inspiração e Motivação

A verdadeira liderança vai além de simplesmente dizer às pessoas o que fazer. Ela envolve a capacidade de inspirar e motivar. Líderes de qualidade têm o poder de criar um ambiente onde as pessoas se sentem inspiradas a darem o melhor de si. Eles reconhecem as habilidades, talentos e contribuições individuais de seus seguidores e os incentivam a alcançar seu potencial máximo.

Responsabilidade e Prestação de Contas

Ser um líder não é apenas uma questão de autoridade; também envolve grande responsabilidade. Líderes são responsáveis pelo sucesso e bem-estar de suas equipes ou organizações. Isso significa tomar decisões difíceis quando necessário e assumir a responsabilidade por essas decisões. Além disso, líderes de qualidade estabelecem um padrão elevado de ética e integridade e promovem uma cultura de prestação de contas.

Adaptabilidade e Aprendizado Contínuo

Liderança é uma jornada de aprendizado contínuo. Líderes de qualidade estão dispostos a se adaptar às mudanças e a aprender com suas experiências. Eles buscam constantemente melhorar suas habilidades de liderança e são abertos a novas ideias e perspectivas. A liderança não é estática; ela evolui com o tempo e as circunstâncias.

Conclusão

Em resumo, ser um líder é muito mais do que ter uma posição de autoridade. É sobre influenciar, inspirar, guiar e servir aos outros de maneira ética e responsável. Um líder de qualidade é alguém que constrói relacionamentos fortes, promove a colaboração e ajuda sua equipe a alcançar o sucesso. À medida que exploramos os princípios da liderança ao longo deste livro, lembre-se dessas fundações essenciais e como elas se entrelaçam para criar um líder eficaz e inspirador. A jornada de liderança está apenas começando, e este livro o guiará em direção a um entendimento mais profundo e à excelência como líder.

Capítulo 2: Qualidades Essenciais de um Líder de Qualidade

A liderança eficaz não é apenas uma questão de título ou posição; ela é moldada pelas qualidades intrínsecas de um líder. Neste capítulo, exploraremos as características fundamentais que compõem um líder de qualidade. Essas qualidades são os alicerces sobre os quais uma liderança sólida é construída.

1. Visão Clara

Um líder de qualidade possui uma visão clara e definida do futuro. Essa visão não é apenas uma imagem abstrata, mas sim um objetivo tangível e inspirador que orienta todas as ações e decisões. Uma visão forte ajuda a motivar a equipe e fornece um senso de propósito.

2. Comunicação Eficaz

A capacidade de comunicar de forma clara e eficaz é uma qualidade crítica de um líder de qualidade. Isso inclui ouvir atentamente, expressar ideias de maneira compreensível e inspirar outros com palavras e ações. A comunicação eficaz é a cola que mantém a equipe unida e alinhada com a visão do líder.

3. Empatia

Um líder de qualidade demonstra empatia, ou seja, a capacidade de compreender e se relacionar com as emoções e perspectivas dos outros. A empatia permite que o líder construa relacionamentos sólidos, promova a confiança e aborde as necessidades e preocupações de sua equipe de maneira sensível.

4. Confiança

A confiança é a base da liderança. Líderes de qualidade são confiáveis e mantêm suas promessas. Eles ganham a confiança de sua equipe ao serem honestos, íntegros e consistentes em suas ações. Uma equipe que confia em seu líder é mais propensa a seguir sua liderança.

5. Coragem

A liderança muitas vezes exige coragem. Um líder de qualidade está disposto a enfrentar desafios difíceis, tomar decisões impopulares quando necessário e defender o que acredita ser correto. A coragem inspira confiança e respeito.

6. Responsabilidade

Líderes de qualidade assumem a responsabilidade por suas ações e pelas ações de sua equipe. Eles não procuram culpar os outros, mas buscam soluções e aprendizado em momentos de dificuldade. A responsabilidade demonstra maturidade e integridade.

7. Adaptabilidade

O mundo dos negócios está em constante mudança, e líderes de qualidade são capazes de se adaptar a novas situações e desafios. Eles não estão presos a velhas maneiras de fazer as coisas e estão abertos a inovações e novas ideias.

8. Paciência

Liderar muitas vezes envolve lidar com pessoas e processos complexos. Um líder de qualidade é paciente e compreensivo, reconhecendo que o crescimento e o progresso podem levar tempo. A paciência ajuda a construir relacionamentos e a manter uma perspectiva equilibrada.

9. Comprometimento com o Desenvolvimento Pessoal

Líderes de qualidade estão comprometidos com seu próprio desenvolvimento pessoal e aprendizado contínuo. Eles buscam melhorar suas habilidades de liderança, adquirir novos conhecimentos e crescer como indivíduos.

10. Altruísmo

Um líder de qualidade não coloca seus interesses pessoais acima dos interesses da equipe ou da organização. Eles têm um senso de altruísmo, priorizando o bem-estar da equipe e da organização como um todo.

Conclusão

As qualidades essenciais de um líder de qualidade não são apenas traços inatos, mas também podem ser desenvolvidas e aprimoradas ao longo do tempo. Ao se esforçar para cultivar essas qualidades em si mesmo, você estará no caminho certo para se tornar um líder eficaz e inspirador. Lembre-se de que a liderança é uma jornada contínua de crescimento pessoal e profissional, e estas qualidades servirão como um guia para o sucesso ao longo dessa jornada.O papel da autenticidade na liderança.

Capítulo 3: O Papel da Autenticidade na Liderança

A autenticidade é uma qualidade poderosa que desempenha um papel fundamental na liderança de qualidade. Neste capítulo, exploraremos a importância da autenticidade e como ela influencia a eficácia de um líder. A autenticidade não apenas fortalece os relacionamentos com a equipe, mas também contribui para a construção de uma liderança inspiradora e duradoura.

A Natureza da Autenticidade

A autenticidade na liderança se refere à congruência entre quem você é como líder e como você se apresenta aos outros. Envolve a capacidade de ser genuíno, transparente e fiel aos seus valores, princípios e crenças. A autenticidade não significa ser perfeito, mas sim ser verdadeiro consigo mesmo e com os outros.

Construindo Confiança

Um dos maiores benefícios da autenticidade é a construção de confiança. Quando os liderados percebem que seu líder é autêntico e age de acordo com seus princípios, eles se sentem mais seguros e confiantes em seguir essa liderança. A confiança é a base de qualquer equipe eficaz e é essencial para alcançar objetivos comuns.

Inspirando a Equipe

Líderes autênticos têm a capacidade de inspirar suas equipes de maneira única. Sua sinceridade e paixão pela visão da organização ressoam com os outros, motivando-os a se esforçarem ao máximo. Quando os liderados veem que seu líder está totalmente comprometido com a missão, eles são mais propensos a seguir o exemplo.

Fomentando um Ambiente de Honestidade

A autenticidade cria um ambiente onde a honestidade é valorizada e encorajada. Os liderados se sentem à vontade para compartilhar suas preocupações, ideias e feedback quando sabem que seu líder está aberto a ouvi-los. Isso promove a comunicação aberta e fortalece os laços dentro da equipe.

Aceitando a Vulnerabilidade

A autenticidade envolve a disposição de ser vulnerável e admitir erros quando necessário. Líderes autênticos reconhecem que não têm todas as respostas e estão dispostos a aprender com seus erros. Essa abertura para a vulnerabilidade cria um ambiente de aprendizado e melhoria contínua.

Sendo um Modelo

Os líderes autênticos não apenas pedem aos outros que sigam seu exemplo, eles vivem esse exemplo todos os dias. Eles agem de acordo com seus valores e princípios, servindo como modelos a serem seguidos pela equipe. Essa coerência entre palavras e ações é uma característica marcante da autenticidade.

Autenticidade e Respeito à Diversidade

A autenticidade também envolve o respeito à diversidade. Líderes autênticos valorizam as perspectivas e experiências únicas de cada membro da equipe, criando um ambiente inclusivo e respeitoso.

Desafios da Autenticidade

Embora a autenticidade seja fundamental para a liderança de qualidade, ela também apresenta desafios. Às vezes, ser autêntico pode ser difícil, especialmente quando as opiniões divergem ou quando decisões difíceis precisam ser tomadas. No entanto, os líderes autênticos enfrentam esses desafios com integridade e honestidade.

Conclusão

A autenticidade é um dos pilares da liderança de qualidade. Ela fortalece os relacionamentos, inspira a equipe, promove a confiança e cria um ambiente de trabalho positivo e produtivo. À medida que você busca se tornar um líder de qualidade, lembre-se da importância de ser autêntico e fiel a si mesmo. A autenticidade não apenas o torna um líder melhor, mas também influencia positivamente todos ao seu redor, contribuindo para o sucesso da equipe e da organização como um todo.

Capítulo 4: Comunicação Eficaz - A Pedra Angular da Liderança de Qualidade

A habilidade de se comunicar de forma eficaz é uma das competências mais críticas para qualquer líder de qualidade. A comunicação não é apenas um meio de transmitir informações; é a ferramenta que constrói pontes entre líderes e suas equipes, inspira a ação e cria uma cultura de colaboração. Neste capítulo, exploraremos a importância da comunicação eficaz na liderança e como ela molda a dinâmica das organizações.

A liderança bem-sucedida não é alcançada através de decretos autoritários ou instruções unilaterais, mas sim por meio de uma comunicação clara, aberta e inspiradora. Uma comunicação eficaz é o alicerce sobre o qual repousa a confiança, a motivação e a compreensão mútua entre líderes e suas equipes.

Através dela, os líderes podem compartilhar visões, metas e expectativas, capacitando sua equipe a atingir resultados extraordinários.

Neste capítulo, mergulharemos fundo nas nuances da comunicação eficaz na liderança. Exploraremos as habilidades essenciais que os líderes de qualidade devem desenvolver para se comunicar de maneira impactante e autêntica. Além disso, examinaremos como a comunicação influencia a cultura organizacional, fortalece o comprometimento da equipe e enfrenta desafios comuns que os líderes enfrentam ao se comunicar em um mundo empresarial em constante evolução.

À medida que avançamos neste capítulo, lembre-se de que a comunicação é uma habilidade que pode ser continuamente aprimorada e refinada. Independentemente de sua experiência atual em liderança ou comunicação, este capítulo oferecerá insights valiosos para ajudá-lo a se tornar um comunicador mais eficaz e, por consequência, um líder mais impactante e inspirador. Afinal, a liderança de qualidade começa com palavras, mas se estende muito além delas, moldando o presente e o futuro daqueles que lideramos.

A Importância da Comunicação Clara e Aberta

A comunicação clara e aberta é a espinha dorsal da liderança eficaz e um dos principais alicerces para construir relacionamentos sólidos dentro de uma equipe ou organização. Ela vai muito além da simples troca de palavras; é a maneira como os líderes compartilham informações, visões e valores que moldam o ambiente de trabalho e orientam a ação coletiva. Neste segmento, exploraremos por que a comunicação clara e aberta é fundamental para a liderança de qualidade.

1. Alinha a Equipe com a Visão

Uma das funções cruciais da comunicação clara e aberta é alinhar a equipe com a visão e os objetivos da organização. Quando os líderes conseguem transmitir de maneira eficaz o que estão tentando alcançar, inspiram a equipe a se engajar no trabalho com um senso compartilhado de propósito. Isso não só motiva as pessoas, mas também direciona seus esforços na direção certa.

2. Constrói Confiança

A confiança é um dos pilares mais importantes da liderança eficaz, e a comunicação clara e aberta é fundamental para construí-la. Quando os líderes são transparentes sobre suas intenções, tomam decisões de maneira justa e consistente, e compartilham informações relevantes, eles demonstram integridade. A equipe, por sua vez, confia no líder e em sua liderança.

3. Facilita a Tomada de Decisões Informadas

A comunicação clara e aberta fornece à equipe as informações necessárias para tomar decisões informadas. Quando os líderes compartilham dados, insights e perspectivas, capacitam seus liderados a contribuir ativamente para a tomada de decisões. Isso não apenas melhora a qualidade das decisões, mas também fortalece o comprometimento da equipe com a implementação dessas decisões.

4. Melhora a Resolução de Conflitos

Os conflitos são inevitáveis em qualquer ambiente de trabalho, mas a comunicação clara e aberta pode ajudar a resolvê-los de maneira eficaz. Quando os líderes encorajam uma cultura em que os membros da equipe se sintam à vontade para expressar preocupações e opiniões de forma aberta e respeitosa, os conflitos podem ser identificados e resolvidos antes de escalarem para problemas maiores.

5. Fomenta a Colaboração e a Inovação

A comunicação aberta cria um ambiente propício à colaboração e à inovação. Quando as ideias são valorizadas e as contribuições são reconhecidas, os membros da equipe se sentem incentivados a compartilhar suas perspectivas e a trabalhar juntos para encontrar soluções criativas para os desafios. Isso pode levar a melhorias significativas nos processos e na qualidade do trabalho.

6. Reduz a Incerteza e o Rumor

A falta de comunicação clara e aberta pode levar à propagação de rumores e incerteza dentro da equipe. Isso cria um ambiente de trabalho instável e desgastante, que prejudica o moral e a produtividade. Comunicar-se de maneira transparente e regular ajuda a manter a equipe informada e a combater a disseminação de informações imprecisas.

7. Fortalece a Cultura Organizacional

A cultura de uma organização é moldada em grande parte pela forma como os líderes se comunicam. A comunicação clara e aberta ajuda a definir e fortalecer a cultura organizacional, estabelecendo as normas de comportamento, valores compartilhados e expectativas. Ela cria um ambiente onde os membros da equipe se sentem valorizados e parte de algo maior do que eles mesmos.

Em resumo, a comunicação clara e aberta não é apenas uma habilidade útil para líderes; é uma pedra angular da liderança de qualidade. Ela fortalece relacionamentos, constrói confiança, facilita a colaboração e promove um ambiente de trabalho positivo e produtivo. Para líderes que desejam ser eficazes e inspiradores, aprimorar suas habilidades de comunicação deve ser uma prioridade constante.

Capítulo 5: Desenvolvendo Habilidades de Escuta Ativa: A Arte da Comunicação Significativa

A habilidade de escuta ativa é um dos pilares essenciais da comunicação eficaz e, consequentemente, da liderança de qualidade. Embora muitas vezes subestimada, a capacidade de ouvir atentamente e com empatia é crucial para construir relacionamentos sólidos, compreender as necessidades da equipe e tomar decisões informadas. Neste segmento, exploraremos por que a escuta ativa é tão importante e como os líderes podem desenvolver essa habilidade vital.

Compreendendo a Escuta Ativa

A escuta ativa não é simplesmente ouvir passivamente as palavras de alguém. Envolve uma abordagem intencional e consciente para a comunicação, na qual o ouvinte se concentra não apenas nas palavras, mas também nas emoções, no tom de voz e na linguagem corporal do falante. É um processo que demonstra interesse genuíno pela perspectiva do outro e pela construção de relacionamentos significativos.

Por que a Escuta Ativa é Importante para Líderes

Construção de Relacionamentos: A escuta ativa ajuda os líderes a construir relacionamentos mais fortes com seus liderados. Quando os membros da equipe se sentem ouvidos e compreendidos, desenvolvem um vínculo de confiança com seu líder, o que é fundamental para uma colaboração eficaz.

Compreensão Empática: Ao ouvir ativamente, os líderes podem compreender melhor as necessidades e preocupações de seus liderados. Isso permite que eles tomem decisões mais informadas e adaptem suas abordagens de liderança para atender às necessidades individuais.

Resolução de Problemas: A escuta ativa é uma ferramenta valiosa na resolução de problemas. Ela ajuda os líderes a identificar problemas antes que eles se agravem, permitindo a intervenção precoce e a implementação de soluções eficazes.

Feedback Construtivo: Através da escuta ativa, os líderes podem coletar feedback valioso de suas equipes. Isso inclui sugestões para melhorias, preocupações específicas e ideias inovadoras que podem aprimorar os processos e a cultura organizacional.

Motivação e Engajamento: Quando os líderes demonstram que valorizam as opiniões e perspectivas de seus liderados, isso motiva a equipe a se envolver mais ativamente no trabalho e a se sentir mais conectada com os objetivos da organização.

Dicas para Desenvolver Habilidades de Escuta Ativa

Elimine Distrações: Dedique tempo e atenção total à pessoa que está falando, evitando distrações como dispositivos eletrônicos ou preocupações externas.

Faça Contato Visual: Mantenha contato visual para mostrar que você está completamente presente na conversa.

Pratique a Empatia: Tente se colocar no lugar da pessoa que está falando, buscando entender suas emoções e perspectivas.

Faça Perguntas Abertas: Faça perguntas que incentivem o diálogo e a exploração de ideias, em vez de perguntas que podem ser respondidas com um simples "sim" ou "não".

Use Linguagem Corporal Positiva: Sua linguagem corporal também é uma parte importante da escuta ativa. Mantenha uma postura aberta e receptiva.

Resuma e Parafraseie: De tempos em tempos, resuma o que você ouviu para garantir que entendeu corretamente. Parafrasear pode mostrar que você está comprometido em compreender.

Evite Julgamentos Prematuros: Evite fazer julgamentos ou tirar conclusões antes que a pessoa termine de falar. Deixe espaço para o entendimento completo.

Esteja Disposto a Ouvir Opiniões Divergentes: Esteja aberto a ouvir opiniões e perspectivas diferentes, mesmo que não concorde com elas.

Conclusão

A escuta ativa é uma habilidade essencial para líderes de qualidade. Ela fortalece relacionamentos, promove a compreensão mútua e ajuda a equipe a alcançar seu potencial máximo. Desenvolver habilidades de escuta ativa não é apenas um sinal de liderança eficaz, mas também demonstra respeito e empatia pelos outros. À medida que os líderes aprimoram essa habilidade, eles se tornam mais capacitados para liderar com excelência e inspirar suas equipes a alcançar resultados extraordinários.

Capítulo 6: Comunicando a Visão e os Objetivos da Equipe: Inspirando a Jornada Rumo ao Sucesso

A comunicação eficaz da visão e dos objetivos da equipe é uma das responsabilidades mais cruciais de um líder de qualidade. A visão é o farol que guia a equipe em direção ao futuro desejado, enquanto os objetivos fornecem a estrutura e as metas específicas para alcançá-la. Neste segmento, exploraremos por que a comunicação da visão e dos objetivos é tão essencial e como os líderes podem fazê-lo de maneira inspiradora e eficaz.

A Importância da Comunicação da Visão e dos Objetivos

Orientação e Inspiração: A visão oferece um propósito claro e inspirador que motiva a equipe. Ela ajuda os membros a entenderem o "porquê" do trabalho que estão realizando e a se conectarem emocionalmente com a missão da equipe.

Alinhamento da Equipe: Comunicar objetivos específicos ajuda a alinhar as atividades e esforços individuais com os objetivos gerais da equipe. Isso evita a dispersão de energia e ajuda a equipe a trabalhar de maneira mais eficiente e focada.

Responsabilidade e Prestação de Contas: A definição clara de objetivos cria um senso de responsabilidade na equipe. Os membros têm uma compreensão nítida do que é esperado deles e podem prestar contas por seu progresso em relação a essas metas.

Adaptação a Mudanças: A comunicação eficaz da visão ajuda a equipe a se adaptar a mudanças e desafios. Quando todos compreendem a visão, podem ajustar suas estratégias e táticas para enfrentar novas circunstâncias com confiança.

Dicas para Comunicar a Visão e os Objetivos de Maneira Eficaz

Seja Claro e Conciso: Evite jargões e linguagem complicada. Comunique a visão e os objetivos de maneira clara e acessível para todos da equipe.

Seja Inspirador: Use histórias, metáforas e exemplos inspiradores para dar vida à visão. Inspire a equipe ao mostrar como o trabalho deles contribuirá para algo significativo.

Estabeleça Metas Mensuráveis: Os objetivos devem ser específicos, mensuráveis, alcançáveis, relevantes e com prazo (conhecidos como SMART). Isso torna mais fácil avaliar o progresso.

Promova a Participação: Encoraje a equipe a contribuir para a definição de objetivos sempre que possível. Isso cria um senso de propriedade e comprometimento.

Repita e Reforce: A comunicação da visão e dos objetivos não é uma tarefa única. Repita-os regularmente e reforce sua importância em diferentes contextos.

Fomente Perguntas e Esclarecimentos: Crie um ambiente onde os membros da equipe se sintam à vontade para fazer perguntas e buscar esclarecimentos sobre a visão e os objetivos. A clareza é fundamental.

Use Múltiplos Canais: Utilize diferentes canais de comunicação, como reuniões presenciais, e-mails, mensagens instantâneas e documentos compartilhados, para garantir que a mensagem seja amplamente compreendida.

Celebre as Conquistas: Reconheça e celebre as realizações da equipe em relação aos objetivos. Isso reforça a importância do trabalho conjunto.

Conclusão

A comunicação eficaz da visão e dos objetivos é a cola que mantém a equipe unida e focada em direção ao sucesso. Quando os líderes conseguem inspirar e alinhar suas equipes com uma visão clara e objetivos bem definidos, estão pavimentando o caminho para a realização de metas extraordinárias. A liderança de qualidade requer não apenas a capacidade de conceber uma visão brilhante, mas também a habilidade de comunicá-la de maneira envolvente e acessível, garantindo que todos possam entender e abraçar a jornada rumo ao sucesso.

Capítulo 7 - Tomada de Decisões Inteligentes

A tomada de decisões é uma das habilidades mais críticas que um líder de qualidade deve dominar. Cada decisão, grande ou pequena, tem o potencial de impactar significativamente a equipe e a organização como um todo. Neste capítulo, exploraremos o processo de tomada de decisões inteligentes e como os líderes podem aprimorar essa habilidade vital para o sucesso.

A capacidade de tomar decisões inteligentes é uma característica distintiva dos líderes eficazes. Ela envolve a análise cuidadosa de informações, consideração de alternativas, avaliação de riscos e benefícios, e ação deliberada. As decisões inteligentes não são impulsivas nem baseadas apenas em instintos; elas são informadas e orientadas pelos objetivos e valores da equipe e da organização.

Este capítulo nos levará a uma jornada através do processo de tomada de decisões, desde a identificação do problema até a implementação das ações escolhidas. Exploraremos as estratégias para melhorar a qualidade das decisões, superar os obstáculos comuns e enfrentar os desafios inerentes à liderança.

A tomada de decisões é uma arte e uma ciência, e, à medida que avançamos neste capítulo, você descobrirá como equilibrar intuição e lógica, lidar com a pressão e o desconhecido, e tomar decisões que impulsionem o progresso e a excelência. Lembre-se de que cada decisão é uma oportunidade para liderar com sabedoria e criar impacto positivo em sua equipe e organização.

Estratégias para Tomar Decisões Ponderadas

A tomada de decisões ponderadas é uma habilidade fundamental para líderes que buscam conduzir suas equipes e organizações ao sucesso. Decisões precipitadas ou mal informadas podem ter consequências graves, enquanto decisões cuidadosamente consideradas têm o potencial de impulsionar o progresso e alcançar metas ambiciosas. Neste segmento, exploraremos estratégias essenciais para tomar decisões ponderadas e informadas.

1. Defina o Problema com Clareza

O primeiro passo para tomar decisões ponderadas é identificar e definir claramente o problema ou a situação que requer uma decisão. Às vezes, os problemas subjacentes podem ser complexos e multifacetados, e é importante desmembrá-los em partes menores e mais gerenciáveis. Uma definição precisa do problema é essencial para orientar o processo de tomada de decisões.

2. Colete e Analise Dados Relevantes

A base de uma decisão ponderada é a coleta de dados e informações pertinentes. Isso pode envolver pesquisas, análises de mercado, feedback da equipe ou qualquer outra fonte de dados relevante para o problema em questão. A análise cuidadosa dos dados ajuda a entender a situação e a avaliar as implicações de diferentes opções.

3. Estabeleça Objetivos Claros

Defina claramente os objetivos que você deseja alcançar com a decisão. Isso ajudará a manter o foco e a orientação durante o processo de tomada de decisões. Os objetivos devem ser específicos, mensuráveis, alcançáveis, relevantes e com prazo (conhecidos como SMART) para que possam ser avaliados com precisão.

4. Gere Alternativas Criativas

Uma decisão ponderada muitas vezes envolve a consideração de várias alternativas. Encoraje a criatividade ao gerar uma variedade de opções. Evite fixar-se na primeira ideia que surge e esteja aberto a explorar alternativas que podem não ser óbvias a princípio.

5. Avalie Riscos e Benefícios

Cada alternativa deve ser avaliada quanto aos riscos e benefícios associados. Considere os possíveis resultados e suas probabilidades, bem como os impactos positivos e negativos. Isso ajudará a tomar decisões mais informadas e a antecipar possíveis desafios.

6. Consulte Stakeholders Relevantes

Para decisões que afetam outras pessoas ou partes interessadas, é importante consultar os stakeholders relevantes. Ouça suas perspectivas e preocupações, pois isso pode fornecer insights valiosos e construir apoio para a decisão final.

7. Use Técnicas de Tomada de Decisões

Existem várias técnicas e ferramentas disponíveis para ajudar na tomada de decisões ponderadas, como a análise SWOT, a matriz de decisão e o pensamento crítico. Familiarize-se com essas técnicas e use-as conforme apropriado.

8. Considere o Tempo Adequado

Tomar decisões ponderadas pode levar tempo, especialmente para questões complexas. No entanto, é importante equilibrar a análise com a necessidade de ação. Esteja ciente dos prazos e das necessidades de implementação, mas evite tomar decisões apressadas.

9. Revisão e Avaliação Contínuas

Uma vez que uma decisão tenha sido tomada e implementada, é essencial acompanhar e avaliar seus resultados. Esteja disposto a ajustar o curso, se necessário, com base no feedback e nos resultados reais.

Conclusão

Tomar decisões ponderadas é uma habilidade essencial para líderes de qualidade. Envolve a análise cuidadosa, a consideração de alternativas e a busca de informações relevantes. Embora seja um processo que pode ser desafiador, tomar decisões ponderadas ajuda a mitigar riscos, maximizar oportunidades e alcançar objetivos de forma mais eficaz. À medida que você aprimora suas habilidades de tomada de decisões ponderadas, estará mais bem equipado para liderar sua equipe e organização com sucesso.

Capítulo 8: Lidando com a Incerteza e o Risco. Tomada de Decisões Sob Pressão

A incerteza e o risco são inerentes a qualquer ambiente de negócios e liderança. Os líderes de qualidade não são apenas responsáveis por tomar decisões ponderadas, mas também por enfrentar situações em que a incerteza é alta e o risco é uma constante. Neste segmento, exploraremos estratégias para lidar com a incerteza e o risco de maneira eficaz e tomar decisões informadas, mesmo quando a pressão é intensa.

Compreendendo a Incerteza e o Risco

A incerteza se refere à falta de informações ou à imprevisibilidade das consequências de uma decisão. O risco está relacionado à probabilidade de ocorrerem resultados indesejados, mesmo quando todas as informações estão disponíveis. Os líderes de qualidade reconhecem que a incerteza e o risco são parte integrante dos negócios e da liderança e, portanto, devem ser abordados com sabedoria.

Estratégias para Lidar com a Incerteza e o Risco

Reúna Informações Relevantes: Embora a incerteza possa estar presente, é importante reunir o máximo de informações possível. Consulte fontes confiáveis, conduza pesquisas e busque dados que ajudem a esclarecer a situação.

Avalie o Grau de Risco: Determine a magnitude do risco associado à decisão. Isso pode ser feito avaliando os possíveis resultados e a probabilidade de cada um deles ocorrer.

Prepare-se para Cenários Diferentes: Antecipe diferentes cenários possíveis e esteja preparado para agir de acordo com cada um deles. Ter um plano de contingência ajuda a reduzir o impacto de resultados indesejados.

Consulte Especialistas: Se a situação for altamente complexa ou técnica, consulte especialistas na área. Eles podem fornecer insights valiosos e análises mais profundas.

Utilize a Análise de Riscos: A análise de riscos é uma ferramenta poderosa para avaliar a probabilidade e o impacto de diferentes resultados. Isso ajuda a priorizar as ações com base na gestão de riscos.

Aceite a Possibilidade de Erros: Reconheça que, em alguns casos, mesmo com a melhor análise, erros podem ocorrer. Esteja disposto a aprender com esses erros e a ajustar seu processo de tomada de decisões.

Envolva a Equipe: Consulte e envolva membros da equipe na tomada de decisões quando apropriado. Diversas perspectivas podem enriquecer o processo e identificar riscos que podem não ter sido considerados de outra forma.

Mantenha a Comunicação Aberta: Comunique-se abertamente com a equipe e outras partes interessadas sobre os desafios e riscos enfrentados. A transparência ajuda a construir confiança e apoio.

Gerencie a Pressão Emocional: Tomar decisões sob incerteza e risco pode ser estressante. Pratique técnicas de gerenciamento do estresse e mantenha uma mentalidade focada na solução.

Conclusão

Lidar com a incerteza e o risco é uma parte integral da liderança de qualidade. Os líderes eficazes não evitam essas situações, mas, em vez disso, desenvolvem habilidades para tomar decisões informadas mesmo em ambientes desafiadores. Ao adotar estratégias como a coleta de informações, a análise de riscos e o envolvimento da equipe, os líderes podem tomar decisões sólidas mesmo quando a incerteza é alta e o risco é uma constante. Essa capacidade de enfrentar desafios complexos e tomar decisões informadas é o que distingue os líderes verdadeiramente excepcionais.

Capitulo 9: Como Avaliar e Aprender com o Fracasso

O fracasso é uma realidade inevitável em qualquer jornada de liderança. No entanto, o verdadeiro teste de liderança não está em evitar o fracasso, mas em como você lida com ele e, mais importante ainda, como aprende e cresce a partir dele. Neste segmento, exploraremos estratégias para avaliar o fracasso de maneira construtiva e usar essas experiências para se tornar um líder mais forte e resiliente.

Reconhecendo o Fracasso como Oportunidade

Mantenha uma Perspectiva Positiva: Em vez de ver o fracasso como um obstáculo intransponível, encare-o como uma oportunidade de crescimento. Os líderes de qualidade entendem que é por meio das falhas que podem descobrir novas abordagens e melhorar suas habilidades.

Identifique as Causas Raiz: Ao enfrentar o fracasso, é fundamental ir além dos sintomas óbvios e identificar as verdadeiras causas do problema. Isso requer uma análise aprofundada para entender o que deu errado e por quê.

Aceite a Responsabilidade: Assuma a responsabilidade pelo fracasso, mesmo que outras circunstâncias ou pessoas tenham contribuído para ele. Isso não significa assumir a culpa, mas sim reconhecer que, como líder, você desempenha um papel significativo nas decisões e ações que levaram ao resultado.

Aprendendo com o Fracasso

Avalie as Lições Aprendidas: Após identificar as causas do fracasso, avalie as lições aprendidas. Pergunte a si mesmo o que poderia ter sido feito de maneira diferente e como isso poderia ter impactado o resultado.

Aplique as Lições Futuramente: O aprendizado com o fracasso só é valioso se for aplicado no futuro. Use as lições aprendidas para melhorar suas habilidades, tomar decisões mais informadas e evitar erros semelhantes.

Crie um Ambiente de Aprendizado: Encoraje a cultura de aprendizado em sua equipe, onde o fracasso não é visto como um estigma, mas como uma oportunidade de crescimento. Celebre os esforços, mesmo que não resultem em sucesso imediato.

Gerenciando o Impacto Emocional

Lide com as Emoções: O fracasso pode ser emocionalmente desafiador. É importante reconhecer e lidar com as emoções que surgem, como frustração, decepção e autoexigência.

Pratique a Resiliência: A resiliência é a capacidade de se recuperar após o fracasso. Cultive essa habilidade para continuar avançando, mesmo diante das adversidades.

Busque Apoio: Converse com colegas, mentores ou coaches sobre suas experiências de fracasso. O apoio de outros pode fornecer perspectivas valiosas e ajudar a enfrentar o fracasso de maneira mais saudável.

Conclusão

O fracasso não é o fim da jornada, mas um capítulo importante na construção de uma liderança de qualidade. É por meio da avaliação cuidadosa, do aprendizado contínuo e do crescimento emocional que os líderes se tornam mais eficazes e resilientes. Lembre-se de que até mesmo os líderes mais bem-sucedidos enfrentam fracassos em suas carreiras, mas é a forma como eles lidam com essas experiências que os diferencia. Use o fracasso como uma oportunidade para se tornar um líder mais forte, sábio e capaz de enfrentar qualquer desafio que surja em seu caminho.

Capítulo 10 - Gestão de Equipe e Diversidade

A gestão de equipe é uma arte que transcende a simples coordenação de tarefas. Envolve o cultivo de relações sólidas, o estímulo do potencial de cada membro e a criação de um ambiente onde a diversidade de pensamento e experiência é valorizada. Neste capítulo, mergulharemos fundo na gestão de equipe, com ênfase na importância da diversidade e na promoção de um ambiente inclusivo.

Liderar uma equipe bem-sucedida é uma tarefa complexa, que exige a compreensão das características únicas de cada membro e a capacidade de harmonizar essas diferenças para alcançar objetivos comuns. A diversidade, seja ela cultural, de gênero, de habilidades ou de perspectivas, é um ativo valioso que pode impulsionar a inovação e a excelência.

Neste capítulo, exploraremos estratégias para gerenciar equipes de forma eficaz, independentemente de seu tamanho ou composição. Discutiremos como cultivar um ambiente de trabalho inclusivo, onde cada membro da equipe se sinta valorizado e capacitado a contribuir com suas habilidades e perspectivas únicas.

A gestão de equipe vai muito além da delegação de tarefas; ela envolve a construção de relacionamentos sólidos, a inspiração para alcançar metas desafiadoras e a capacidade de lidar com conflitos de maneira construtiva. Ao abordarmos a gestão de equipe e a diversidade, você estará preparado para liderar equipes mais fortes, adaptáveis e capazes de superar os desafios da liderança de qualidade.

Construindo e Mantendo Equipes de Alto Desempenho

Uma equipe de alto desempenho é uma força motriz para o sucesso em qualquer organização. Essas equipes não apenas atingem suas metas de maneira consistente, mas também demonstram resiliência, inovação e coesão. No entanto, construir e manter uma equipe de alto desempenho não é uma tarefa fácil; requer liderança habilidosa, estratégia cuidadosa e um compromisso constante com o desenvolvimento. Neste segmento, exploraremos as etapas essenciais para construir e manter equipes de alto desempenho.

Construindo Equipes de Alto Desempenho

1. Recrutamento Estratégico:

A base de uma equipe de alto desempenho começa com a seleção cuidadosa de seus membros. Procure indivíduos com habilidades complementares, valores alinhados e um histórico de realizações. Considere a diversidade de experiências e perspectivas para promover a criatividade e a resolução de problemas inovadora.

2. Defina Objetivos Claros:

Estabeleça metas claras e mensuráveis para a equipe. Isso fornece um senso de propósito e direção, alinhando os esforços de todos na busca de resultados específicos.

3. Desenvolvimento de Habilidades:

Invista no desenvolvimento das habilidades da equipe por meio de treinamento e oportunidades de aprendizado. Isso não apenas melhora o desempenho atual, mas também prepara a equipe para desafios futuros.

4. Comunicação Aberta:

Promova uma cultura de comunicação aberta e transparente. Os membros da equipe devem se sentir à vontade para compartilhar ideias, preocupações e feedback.

5. Fomento da Colaboração:

Incentive a colaboração, tanto dentro da equipe quanto com outras equipes ou departamentos. As equipes de alto desempenho frequentemente produzem resultados excepcionais por meio da sinergia.

Mantendo Equipes de Alto Desempenho

1. Reconhecimento e Celebração:

Reconheça e celebre as conquistas da equipe. O reconhecimento é uma poderosa ferramenta motivacional e ajuda a manter a moral alta.

2. Feedback Construtivo:

Forneça feedback regular aos membros da equipe. Isso não apenas destaca áreas de melhoria, mas também reconhece o trabalho bem feito.

3. Resolução de Conflitos:

Lide com conflitos de maneira construtiva e imparcial. Conflitos não tratados podem minar o desempenho da equipe.

4. Cultura de Aprendizado Contínuo:

Promova uma cultura de aprendizado contínuo, onde a equipe está disposta a aprender com os erros e se adaptar às mudanças.

5. Liderança Inspiradora:

Líderes de qualidade desempenham um papel fundamental na manutenção de equipes de alto desempenho. Eles fornecem direção, inspiração e suporte contínuo.

Conclusão

Construir e manter uma equipe de alto desempenho é uma jornada contínua e desafiadora, mas os resultados valem a pena. Equipes de alto desempenho são capazes de atingir objetivos ambiciosos, inovar em situações complexas e adaptar-se às mudanças rapidamente. Como líder, seu compromisso em cultivar talentos, promover um ambiente colaborativo e investir no desenvolvimento da equipe é fundamental para alcançar e manter o sucesso a longo prazo. Uma equipe forte é um dos maiores ativos que um líder pode ter, e o esforço dedicado à construção e manutenção dessa equipe é uma marca de liderança verdadeiramente eficaz.

Capítulo 11 : Liderando Equipes Diversas com Eficácia

Liderar equipes diversas é um desafio empolgante e essencial nos tempos atuais. A diversidade, seja ela cultural, de gênero, de habilidades ou de perspectivas, traz uma riqueza de experiências e pontos de vista que pode impulsionar a inovação e a criatividade. No entanto, liderar equipes diversas também requer habilidades especiais para garantir que todos os membros se sintam valorizados, incluídos e capacitados a contribuir com seu pleno potencial. Neste segmento, exploraremos estratégias para liderar equipes diversas com eficácia.

Compreendendo a Importância da Diversidade

Benefícios da Diversidade: Reconheça os benefícios da diversidade em sua equipe. A diversidade pode levar a uma maior criatividade, melhores soluções para problemas, maior flexibilidade e maior adaptabilidade às mudanças.

Criação de Valor: Entenda que a diversidade não é apenas uma questão de conformidade, mas uma oportunidade de criar valor para a equipe e a organização como um todo.

Promovendo a Inclusão

Crie um Ambiente Inclusivo: Estabeleça uma cultura que promova a inclusão, onde todos se sintam valorizados e respeitados, independentemente de suas origens ou características individuais.

Linguagem e Comportamento Inclusivos: Esteja atento à linguagem e ao comportamento que podem inadvertidamente excluir ou marginalizar membros da equipe. Promova a comunicação respeitosa e inclusiva.

Diversidade na Liderança: Promova a diversidade não apenas na equipe, mas também em cargos de liderança. Isso demonstra o compromisso da organização com a igualdade e a inclusão.

Comunicação Eficaz em Equipes Diversas

Escute com Empatia: Pratique a escuta ativa para entender as perspectivas e preocupações de todos os membros da equipe. Demonstrar empatia cria um ambiente onde todos se sentem ouvidos.

Comunique com Clareza: Use comunicação clara e acessível, evitando jargões ou linguagem que possa ser exclusiva.

Promova a Participação de Todos: Encoraje ativamente todos os membros da equipe a contribuir. Evite que algumas vozes dominem a conversa, garantindo que todos tenham a oportunidade de expressar suas opiniões.

Resolução de Conflitos e Tomada de Decisões

Lide com Conflitos de Maneira Construtiva: Conflitos podem surgir em equipes diversas devido a diferentes perspectivas. Aborde conflitos de maneira imparcial e construtiva, promovendo o entendimento mútuo.

Tomada de Decisões Inclusivas: Inclua todos os membros da equipe no processo de tomada de decisões sempre que possível. Isso cria um senso de propriedade e comprometimento.

Desenvolvimento de Líderança Culturalmente Competente

Aprenda sobre Diferentes Culturas: Esteja disposto a aprender sobre as diferentes culturas representadas em sua equipe. Isso inclui compreender as normas culturais, valores e tradições.

Treinamento em Diversidade: Considere oferecer treinamento em diversidade e inclusão para você e sua equipe. Isso pode ajudar a criar uma compreensão mais profunda e um ambiente mais inclusivo.

Conclusão

Liderar equipes diversas com eficácia exige habilidades de comunicação sólidas, empatia, sensibilidade cultural e um compromisso genuíno com a inclusão. Uma equipe diversificada é um ativo valioso que pode impulsionar o sucesso da organização, mas somente se for liderada com sabedoria e respeito. Ao adotar uma abordagem inclusiva e promover uma cultura que valorize a diversidade, você estará posicionado para liderar equipes que se destacam em criatividade, inovação e eficácia, independente de suas origens e características individuais.

Capítulo 12: Lidando com Conflitos e Promovendo a Colaboração

Conflitos são uma parte inevitável da vida em equipe. Eles podem surgir devido a diferenças de perspectivas, objetivos ou até mesmo de personalidades. No entanto, a forma como esses conflitos são abordados e resolvidos pode fazer toda a diferença na saúde e no desempenho da equipe. Neste segmento, exploraremos estratégias para lidar com conflitos de maneira construtiva e promover a colaboração entre os membros da equipe.

Compreendendo a Natureza dos Conflitos

Reconhecendo a Diversidade de Opiniões: Conflitos muitas vezes surgem devido a diferentes opiniões e perspectivas. Entenda que essas diferenças são normais e podem ser valiosas para a equipe.

Identificando as Causas Subjacentes: Conflitos superficiais muitas vezes têm causas mais profundas, como falta de comunicação, expectativas não claras ou estresse. Procure identificar as causas subjacentes dos conflitos.

Estratégias para Lidar com Conflitos de Maneira Construtiva

Comunique-se Abertamente: Incentive a comunicação aberta e transparente. Encoraje os membros da equipe a expressarem suas preocupações e pontos de vista de maneira respeitosa.

Escute com Empatia: Pratique a escuta ativa para entender os sentimentos e perspectivas dos outros. Demonstre empatia c interesse genuíno em suas preocupações.

Promova a Colaboração: Ao invés de adotar uma abordagem de ganhar-perder, promova soluções que beneficiem a todos. Explore compromissos e alternativas que possam satisfazer as necessidades de ambas as partes.

Mantenha o Foco no Problema, Não na Pessoa:
Evite ataques pessoais e mantenha o foco na resolução do problema. Isso ajuda a manter a discussão construtiva.

Use a Mediação: Se os conflitos persistirem, considere envolver um mediador neutro para ajudar a facilitar a comunicação e encontrar soluções.

Promovendo a Colaboração

Defina Objetivos Comuns: Estabeleça metas e objetivos claros para a equipe. Isso fornece um senso de propósito compartilhado e ajuda a alinhar os esforços de todos.

Promova a Comunicação Aberta: Encoraje a troca de informações e ideias entre os membros da equipe. Use ferramentas de comunicação eficazes, como reuniões regulares e colaboração online.

Reconheça Contribuições Individuais: Reconheça e celebre as contribuições individuais para a equipe. Isso incentiva o senso de pertencimento e a motivação para colaborar.

Fomente a Confiança: A confiança é a base da colaboração eficaz. Cumpra suas promessas, seja honesto e transparente em suas ações e comunicações.

Promova a Diversidade de Perspectivas: Valorize as diferentes perspectivas e abordagens que os membros da equipe trazem. Isso pode levar a soluções mais inovadoras e criativas.

Conclusão

Lidar com conflitos e promover a colaboração são habilidades essenciais para liderar equipes de alto desempenho. Conflitos bem gerenciados podem levar a soluções inovadoras e ao crescimento da equipe, enquanto a colaboração eficaz impulsiona o sucesso em direção a metas compartilhadas. Como líder, sua capacidade de facilitar a comunicação, entender as diferentes perspectivas e promover um ambiente onde a colaboração é valorizada é fundamental para a saúde e o desempenho de sua equipe. Ao adotar estratégias construtivas para lidar com conflitos e promover a colaboração, você estará construindo uma equipe mais forte e preparada para enfrentar desafios com resiliência e eficácia.

Capítulo 13 - Inspiração e Motivação

A inspiração e motivação são as forças que impulsionam equipes a alcançar níveis extraordinários de desempenho e alcançar objetivos aparentemente inatingíveis. Líderes de qualidade compreendem que não basta apenas gerenciar tarefas e processos; eles também devem nutrir a chama interior que guia suas equipes em direção ao sucesso. Neste capítulo, exploraremos a arte de inspirar c motivar, revelando estratégias poderosas para energizar sua equipe e alinhar todos em direção a um propósito comum.

A liderança eficaz não se trata apenas de delegar responsabilidades, mas de inspirar a excelência. Ela envolve a capacidade de comunicar uma visão inspiradora, fornecer orientação e criar um ambiente onde os membros da equipe se sintam valorizados e motivados a contribuir com seu melhor. À medida que exploramos as complexidades da inspiração e motivação, você descobrirá como transformar desafios em oportunidades e como conduzir sua equipe em direção ao cumprimento de metas que parecem intransponíveis.

Este capítulo é um mergulho profundo na psicologia da motivação e nas técnicas que líderes visionários usam para transformar grupos de indivíduos em equipes altamente motivadas. Ao dominar essas habilidades, você estará no caminho para se tornar um líder que inspira, motiva e lidera com uma paixão contagiante, moldando um futuro de sucesso para sua equipe e organização.

Motivando Sua Equipe Através de Propósitos e Valores Compartilhados

Motivar uma equipe vai além de recompensas materiais ou incentivos financeiros; é sobre inspirar e envolver os membros da equipe em um nível mais profundo. Uma das maneiras mais poderosas de fazer isso é através do estabelecimento de propósitos e valores compartilhados. Quando todos na equipe compartilham uma visão comum e valores que os impulsionam, a motivação intrínseca floresce, resultando em um desempenho excepcional e uma maior satisfação no trabalho. Neste segmento, exploraremos como motivar sua equipe através de propósitos e valores compartilhados.

A Importância do Propósito e Valores Compartilhados

Conexão Emocional: Ter um propósito compartilhado cria uma conexão emocional entre os membros da equipe e a missão da organização. Isso dá significado ao trabalho e fortalece o compromisso.

Orientação na Tomada de Decisões: Valores compartilhados fornecem uma base sólida para a tomada de decisões. Quando todos estão alinhados em torno de valores comuns, as escolhas se tornam mais claras e consistentes.

Aumento da Motivação: Um propósito inspirador e valores significativos são motores poderosos de motivação intrínseca. Os membros da equipe se sentem compelidos a trabalhar em direção a metas que estão alinhadas com seus valores pessoais e com o propósito maior da equipe.

Estratégias para Construir Propósitos e Valores Compartilhados

Comunique uma Visão Inspiradora: Articule uma visão inspiradora que explique por que o trabalho da equipe é importante e como ele contribui para um objetivo maior. A visão deve ser cativante e inspirar os membros da equipe.

Defina Valores Claros: Identifique e comunique os valores que a equipe considera fundamentais. Esses valores devem guiar o comportamento e as decisões de todos.

Inclua a Equipe no Processo: Envolver os membros da equipe na criação da visão e dos valores ajuda a garantir que todos se sintam investidos no propósito compartilhado.

Conte Histórias Impactantes: Use histórias e exemplos para ilustrar como o propósito e os valores da equipe se manifestam na prática. Isso torna os conceitos mais concretos e tangíveis.

Reforce Regularmente: Mantenha o propósito e os valores no centro da cultura da equipe. Faça com que sejam parte de discussões regulares, celebrações e avaliações de desempenho.

Promovendo a Motivação Através de Propósitos e Valores Compartilhados

Reconheça Contribuições Alinhadas: Reconheça e celebre as contribuições dos membros da equipe que estão alinhadas com o propósito e os valores compartilhados. Isso reforça a importância desses elementos na cultura da equipe.

Mantenha a Coerência: Líderes devem servir como modelos exemplares dos valores da equipe. Mantenha a coerência entre o que é dito e o que é feito.

Facilite o Desenvolvimento Pessoal: Ajude os membros da equipe a identificar como seu trabalho contribui para o propósito maior e como podem crescer pessoalmente em linha com os valores compartilhados.

Promova a Autonomia: Dê aos membros da equipe a liberdade de tomar decisões alinhadas com o propósito e os valores. Isso aumenta o senso de responsabilidade e motivação.

Conclusão

Motivar sua equipe através de propósitos e valores compartilhados é um caminho para criar um ambiente de trabalho onde a paixão, a motivação e o compromisso prosperam. Quando todos na equipe se alinham em torno de um propósito inspirador e valores significativos, o trabalho se torna mais do que apenas uma série de tarefas; ele se transforma em uma missão compartilhada. Como líder, seu papel é catalisar essa motivação intrínseca, fornecendo direção, apoio e reconhecimento. Ao fazer isso, você estará conduzindo sua equipe a alcançar resultados excepcionais e a se sentir realizada em seu trabalho diário.

Capítulo 14: Técnicas de Motivação Intrínseca e Extrínseca

A motivação é um dos pilares fundamentais da liderança eficaz. Líderes de qualidade compreendem que a motivação de seus membros de equipe desempenha um papel crítico no desempenho e no alcance de metas. Para motivar sua equipe com sucesso, é importante entender e aplicar técnicas tanto de motivação intrínseca quanto extrínseca. Ambos os tipos de motivação têm seus lugares e são eficazes em diferentes situações. Neste segmento, exploraremos essas técnicas em detalhes.

Motivação Intrínseca: O Fogo Interior

A motivação intrínseca é aquela que vem de dentro. Envolve o desejo interno de realizar uma tarefa pelo simples prazer de fazê-la ou pelo significado que ela tem. Aqui estão algumas técnicas para cultivar a motivação intrínseca:

Defina Objetivos Significativos: Ajude sua equipe a estabelecer metas que sejam pessoalmente significativas. Quando as metas têm um propósito profundo, os membros da equipe estão mais inclinados a se motivar intrinsecamente para alcançá-las.

Ofereça Autonomia: Dê aos membros da equipe a liberdade de tomar decisões e escolher como realizar suas tarefas. A autonomia aumenta a motivação intrínseca, pois as pessoas se sentem mais investidas em seu trabalho.

Desenvolva Habilidades: Incentive o desenvolvimento contínuo das habilidades dos membros da equipe. Quando as pessoas percebem que estão crescendo e melhorando em seu trabalho, a motivação intrínseca é fortalecida.

Fornecer Feedback Construtivo: Ofereça feedback regular e construtivo. Isso ajuda os membros da equipe a entenderem como estão progredindo e a se autogerenciarem com base em suas próprias metas.

Celebre Conquistas: Reconheça e celebre as conquistas da equipe. Isso fortalece a motivação intrínseca, pois as pessoas se sentem valorizadas e reconhecidas.

Motivação Extrínseca: Incentivos Tangíveis

A motivação extrínseca envolve incentivos externos, como recompensas financeiras, reconhecimento público ou promoções. Embora seja menos duradoura do que a motivação intrínseca, ainda é uma ferramenta valiosa quando usada adequadamente:

Recompensas e Reconhecimento: Ofereça recompensas tangíveis, como bônus, prêmios ou elogios públicos, para reconhecer o desempenho excepcional.

Estabeleça Metas de Desempenho: Defina metas claras e recompensas associadas ao alcance dessas metas. Isso cria uma estrutura de incentivo.

Promova a Competição Saudável: Use competições amigáveis ou rankings de desempenho para motivar a equipe. O desejo de superar os outros pode ser uma poderosa fonte de motivação extrínseca.

Ofereça Benefícios Tangíveis: Forneça benefícios, como planos de saúde, flexibilidade no trabalho ou dias de folga, como formas de recompensar o bom desempenho.

Desenvolva Planos de Carreira: Crie oportunidades claras de progresso na carreira e promova-as como recompensas pelo desempenho excepcional.

Equilibrando Motivação Intrínseca e Extrínseca

A chave para liderar eficazmente é entender que a motivação intrínseca e extrínseca têm papéis complementares. A motivação intrínseca é fundamental para o engajamento a longo prazo e a satisfação no trabalho, enquanto a motivação extrínseca pode fornecer incentivos imediatos e recompensas tangíveis. A combinação adequada de ambas depende das circunstâncias e das necessidades individuais de sua equipe.

Ao aplicar técnicas de motivação intrínseca e extrínseca com sensibilidade e estratégia, você será capaz de criar um ambiente de trabalho onde os membros da equipe se sintam motivados, engajados e capazes de alcançar suas metas pessoais e as metas da equipe. Essa abordagem equilibrada é essencial para liderar com sucesso e alcançar resultados excepcionais.

O Poder das Histórias e Exemplos Inspiradores

As histórias e exemplos inspiradores têm um impacto profundo na motivação e na formação da cultura de uma equipe. Elas são ferramentas poderosas que podem criar conexões emocionais, transmitir valores essenciais e ilustrar como superar desafios aparentemente insuperáveis. Como líder, você pode alavancar o poder das histórias e exemplos inspiradores para energizar e direcionar sua equipe de maneira eficaz.

Conexões Emocionais e Empatia

As histórias têm a capacidade de criar conexões emocionais entre as pessoas. Quando os membros da equipe ouvem histórias de sucesso, luta ou superação, podem se identificar com as experiências compartilhadas. Isso cria empatia e uma sensação de camaradagem, fortalecendo os laços dentro da equipe.

Transmissão de Valores e Princípios

Histórias e exemplos inspiradores são uma maneira eficaz de transmitir valores e princípios essenciais. Você pode usar narrativas para ilustrar como os valores da equipe se manifestam na prática e destacar a importância de tais valores. Isso ajuda a solidificar a cultura da equipe e a orientar o comportamento.

Inspirar Superando Desafios

As histórias de superação são particularmente poderosas para inspirar sua equipe. Quando os membros da equipe ouvem como outros enfrentaram desafios e obstáculos significativos para alcançar o sucesso, isso os motiva a enfrentar seus próprios desafios com determinação e resiliência.

Promover a Inovação e a Criatividade

Histórias inspiradoras podem estimular a criatividade e a inovação. Elas mostram como problemas complexos foram resolvidos de maneira única e como o pensamento criativo pode levar a resultados extraordinários.

Exemplos de Liderança Eficaz

Compartilhar histórias de líderes exemplares, dentro ou fora da organização, pode ilustrar como a liderança eficaz pode fazer a diferença. Esses exemplos inspiradores podem servir como modelos a serem seguidos e fornecer insights sobre as qualidades e habilidades de liderança.

Técnicas para Usar Histórias e Exemplos Inspiradores

Escolha Histórias Relevantes: Selecione histórias que sejam relevantes para a situação ou desafio atual da equipe. Isso torna a mensagem mais impactante e aplicável.

Conheça seu Público: Compreenda a sua equipe e o que os motiva. Escolha histórias e exemplos que ressoem com suas necessidades e aspirações.

Comunique com Emoção: Ao compartilhar histórias, conte-as com paixão e emoção. Isso ajuda a transmitir a profundidade do impacto das histórias.

Seja Autêntico: Seja autêntico ao compartilhar histórias e exemplos. A autenticidade é fundamental para criar conexões significativas.

Use Diversas Fontes: Varie as fontes de suas histórias e exemplos, incluindo histórias pessoais, histórias de membros da equipe e histórias de figuras públicas inspiradoras.

Conclusão

As histórias e exemplos inspiradores têm o poder de moldar a cultura da equipe, motivar seus membros e transmitir valores essenciais. Como líder, é sua responsabilidade aproveitar esse poder para criar um ambiente de trabalho inspirador, onde a paixão, a resiliência e o compromisso florescem. Ao compartilhar histórias que ressoem com sua equipe e ao comunicá-las com autenticidade e emoção, você estará cultivando uma equipe mais motivada, engajada e preparada para enfrentar desafios com confiança.

Capítulo 15 - Desenvolvimento Pessoal e Aprendizado Contínuo

O desenvolvimento pessoal e o aprendizado contínuo são os pilares de um líder eficaz e de uma equipe de alto desempenho. Em um mundo em constante evolução, onde novas tecnologias, desafios e oportunidades surgem a cada dia, a capacidade de se adaptar e crescer é fundamental. Neste capítulo, mergulharemos no emocionante mundo do desenvolvimento pessoal e do aprendizado contínuo, explorando como líderes podem capacitar-se e capacitar suas equipes a alcançar seu pleno potencial.

A liderança eficaz não é estática; ela evolui com o tempo. O aprendizado constante é a chave para se manter relevante, criativo e resiliente em face das complexidades do ambiente de trabalho moderno. À medida que exploramos este capítulo, descobriremos estratégias práticas para promover o desenvolvimento pessoal e fomentar uma cultura de aprendizado contínuo.

Líderes que priorizam o desenvolvimento pessoal e o aprendizado estão mais bem equipados para enfrentar os desafios, inspirar suas equipes e alcançar o sucesso duradouro. Ao promover uma cultura que valoriza a evolução e a busca incessante de conhecimento, você estará liderando sua equipe em direção a um futuro de crescimento e realizações extraordinárias.

Cultivando Sua Própria Liderança ao Longo do Tempo

Liderar com eficácia não é apenas uma responsabilidade que você assume; é um compromisso contínuo de desenvolvimento pessoal e crescimento profissional ao longo do tempo. À medida que você lidera sua equipe, também deve liderar a si mesmo, buscando constantemente se aprimorar, aprender e se adaptar. Cultivar sua própria liderança ao longo do tempo é essencial para permanecer relevante e eficaz como líder. Neste segmento, exploraremos estratégias para nutrir e aprimorar sua liderança ao longo do tempo.

1. Autoconhecimento Profundo

O primeiro passo para cultivar sua própria liderança é o autoconhecimento. Compreender suas próprias forças, fraquezas, valores e motivações é fundamental. Isso permite que você jogue com suas forças e trabalhe em suas áreas de melhoria. A autoconsciência também ajuda a manter a autenticidade como líder.

2. Definição de Metas Pessoais e Profissionais

Estabeleça metas claras para o seu desenvolvimento como líder e como indivíduo. Essas metas podem abranger áreas como habilidades de liderança, educação, desenvolvimento de competências técnicas ou até mesmo equilíbrio entre vida profissional e pessoal. Metas bem definidas fornecem direção e motivação.

3. Busca de Feedback Contínuo

Solicitar feedback regularmente é uma maneira eficaz de identificar áreas de melhoria e aprimorar suas habilidades de liderança. Esteja aberto à crítica construtiva e use-a como uma oportunidade de aprendizado. Feedback positivo também pode reforçar o que você faz bem.

4. Educação e Aprendizado Contínuos

O aprendizado nunca deve parar. Participe de cursos, workshops, leia livros, e esteja ciente das últimas tendências e desenvolvimentos em sua área de atuação. O conhecimento é poder, e líderes eficazes estão sempre se atualizando.

5. Desafie-se Constantemente

Não tenha medo de sair da sua zona de conforto. Desafiar-se constantemente com novas responsabilidades e tarefas pode ajudá-lo a crescer como líder. Os desafios proporcionam oportunidades de aprendizado e desenvolvimento.

6. Pratique a Empatia e a Comunicação Eficaz

Aprimore suas habilidades de comunicação e pratique a empatia. Essas habilidades são cruciais para entender e se conectar com sua equipe. À medida que você cresce como líder, aprimorar suas habilidades interpessoais se torna cada vez mais importante.

7. Liderança pelo Exemplo

Lembre-se de que você é um modelo para sua equipe. Sua conduta e comportamento servem como exemplo. Cultive valores e práticas que deseja ver em sua equipe.

8. Mentoria e Orientação

Busque mentoria de líderes mais experientes e ofereça orientação aos membros mais jovens da equipe. A mentoria é uma via de mão dupla que beneficia tanto o mentor quanto o aprendiz.

9. Avaliação e Reflexão Constantes

Regularmente, avalie seu desempenho como líder e faça reflexões críticas sobre suas ações e decisões. Pergunte a si mesmo como poderia ter lidado com situações de forma diferente e use essas reflexões para aprimorar sua liderança.

10. Crie um Plano de Desenvolvimento Pessoal

Com base em seus objetivos e áreas de melhoria identificadas, crie um plano de desenvolvimento pessoal. Este plano deve ser dinâmico e adaptável, evoluindo à medida que você cresce como líder.

Cultivar sua própria liderança ao longo do tempo é um compromisso com o crescimento contínuo e o aprimoramento pessoal. À medida que você evolui como líder, influenciará positivamente sua equipe, criando um ambiente de trabalho mais motivador e produtivo. Lembre-se de que a jornada de liderança é uma maratona, não uma corrida de curta distância, e a busca constante pelo desenvolvimento pessoal é uma das chaves para o sucesso sustentável.

A Importância do Feedback e Autoavaliação

O feedback e a autoavaliação são pedras angulares do desenvolvimento pessoal e profissional. Eles desempenham um papel fundamental na melhoria contínua e no crescimento como líder. Tanto o feedback recebido de outros quanto a avaliação crítica de suas próprias ações são ferramentas poderosas para aprimorar suas habilidades de liderança e construir relacionamentos mais eficazes com sua equipe. Neste segmento, exploraremos a importância do feedback e da autoavaliação e como eles podem impulsionar seu sucesso como líder.

Feedback: Uma Perspectiva Externa Valiosa

O feedback é como um espelho que reflete como os outros o veem. Ele oferece uma perspectiva externa que pode ser crítica para seu crescimento como líder. Aqui estão algumas razões pelas quais o feedback é essencial:

Identificação de Pontos Cegos: O feedback pode revelar aspectos de seu comportamento ou desempenho que você pode não estar ciente. Isso ajuda a identificar pontos cegos que podem estar impedindo seu progresso.

Reforço de Comportamentos Positivos: O feedback positivo reconhece e reforça comportamentos eficazes, incentivando você a continuar a agir de maneira que beneficie sua equipe e organização.

Oportunidades de Melhoria: O feedback construtivo destaca áreas onde você pode melhorar. Isso não apenas ajuda a corrigir erros, mas também a aprimorar suas habilidades de liderança.

Fortalecimento da Comunicação: Receber feedback abre canais de comunicação eficazes com sua equipe. Isso demonstra que você está aberto a ouvir e melhorar, o que pode aumentar a confiança.

Motivação e Engajamento: Quando os membros da equipe percebem que suas opiniões são valorizadas e que seu líder está comprometido em melhorar, isso pode aumentar a motivação e o engajamento.

Autoavaliação: Um Caminho para a Autenticidade

A autoavaliação é uma prática crítica para desenvolver a autenticidade como líder. Aqui estão algumas maneiras pelas quais ela é importante:

Conhecimento Próprio: A autoavaliação permite que você conheça suas próprias forças, fraquezas e valores com profundidade. Isso ajuda a tomar decisões alinhadas com sua autenticidade.

Autoconsciência: Quando você se avalia criticamente, desenvolve a autoconsciência, o que é essencial para evitar comportamentos inautênticos e reações impulsivas.

Mantendo-se Alinhado com seus Valores: A autoavaliação ajuda a garantir que suas ações e decisões estejam alinhadas com seus valores fundamentais, reforçando sua autenticidade como líder.

Fomentando o Crescimento Pessoal: Ao refletir sobre suas experiências e decisões, você pode identificar oportunidades de crescimento pessoal e desenvolvimento de habilidades.

Como Obter e Usar Feedback de Forma Eficaz

Peça Ativamente: Busque feedback ativamente de colegas, superiores e membros da equipe. Esteja disposto a ouvir e agradecer pelo feedback, independentemente de ser positivo ou construtivo.

Seja Específico: Ao solicitar feedback, seja específico sobre as áreas ou comportamentos que deseja que sejam abordados. Isso ajuda a direcionar o feedback para áreas relevantes.

Escute com Empatia: Ao receber feedback, pratique a escuta ativa. Tente entender a perspectiva do fornecedor do feedback e evite reações defensivas.

Use o Feedback Construtivo: Ao receber feedback construtivo, aplique as sugestões para melhorar. Isso demonstra comprometimento com o crescimento pessoal.

Conclusão

O feedback e a autoavaliação são ferramentas críticas para o desenvolvimento pessoal e profissional. Como líder, você deve abraçar o feedback como uma oportunidade de crescimento e usar a autoavaliação para manter sua autenticidade e valores como guias. Ao incorporar essas práticas em seu estilo de liderança, você estará se tornando um líder mais eficaz, capaz de se adaptar às necessidades da equipe e da organização, enquanto constrói relacionamentos mais sólidos e confiáveis com seus colegas de trabalho.

Capítulo 16: A Busca Constante pelo Aprimoramento

A busca constante pelo aprimoramento é uma característica essencial de líderes de qualidade. O mundo está em constante evolução, e os líderes eficazes reconhecem a necessidade de se adaptar, aprender e crescer continuamente para se manterem relevantes e capazes de liderar com sucesso. Neste segmento, exploraremos a importância da busca constante pelo aprimoramento e como isso pode impulsionar sua liderança e carreira.

1. Adaptação às Mudanças

O mundo dos negócios e a sociedade estão em constante mudança. Novas tecnologias, desafios e oportunidades surgem regularmente. A busca pelo aprimoramento permite que você se adapte a essas mudanças de forma eficaz, garantindo que suas habilidades e conhecimentos estejam sempre atualizados.

2. Crescimento Pessoal e Profissional

A busca pelo aprimoramento é um caminho para o crescimento pessoal e profissional contínuo. Isso inclui o desenvolvimento de novas habilidades, a aquisição de conhecimento adicional e a melhoria das habilidades de liderança. À medida que você cresce, sua capacidade de liderar com eficácia também cresce.

3. Resolução de Problemas Mais Eficaz

Aprimorar constantemente suas habilidades e conhecimentos permite que você resolva problemas de maneira mais eficaz. Você se torna mais criativo, adaptável e capaz de encontrar soluções inovadoras para desafios complexos.

4. Liderança Inspiradora

Líderes que buscam constantemente o aprimoramento inspiram suas equipes a fazer o mesmo. Quando os membros da equipe veem seu líder comprometido com o aprendizado e o crescimento, eles são mais propensos a seguir o exemplo.

5. Construção de Confiança e Credibilidade

A busca pelo aprimoramento reforça sua credibilidade como líder. Quando você está constantemente melhorando suas habilidades e conhecimentos, os outros confiam em sua capacidade de liderar e tomar decisões informadas.

Estratégias para a Busca Constante pelo Aprimoramento

Defina Metas de Desenvolvimento: Identifique áreas específicas em que deseja melhorar e estabeleça metas claras para o aprimoramento.

Aproveite Recursos de Aprendizado: Aproveite cursos, livros, workshops, mentores e recursos online para aprender continuamente.

Solicite Feedback Regularmente: Peça feedback de colegas, superiores e membros da equipe para identificar áreas de melhoria.

Mantenha-se Atualizado: Esteja ciente das tendências e desenvolvimentos em sua área de atuação e na liderança em geral.

Aprenda com a Experiência: Reflita sobre suas experiências e erros. Use essas lições para melhorar seu desempenho futuro.

Compartilhe Conhecimento: Compartilhe seu conhecimento e experiência com outros. Ensinar também é uma forma de aprender.

Mantenha uma Mentalidade de Crescimento: Cultive uma mentalidade que acredite que sempre há espaço para crescer e melhorar.

Conclusão

A busca constante pelo aprimoramento é um compromisso com o crescimento contínuo e a excelência. É uma mentalidade que impulsiona líderes a se destacarem em ambientes desafiadores e a inspirar suas equipes a fazerem o mesmo. Como líder, nunca subestime o poder da aprendizagem contínua e do desenvolvimento pessoal. A jornada rumo à excelência é infinita, mas é uma jornada que vale a pena e que pode levar a realizações extraordinárias.

Capítulo 17: Ética e Responsabilidade Social

A ética e a responsabilidade social são pilares fundamentais da liderança de qualidade. Líderes éticos não apenas buscam resultados positivos, mas também priorizam a integridade, a justiça e a responsabilidade em suas ações e decisões. Neste capítulo, exploraremos a importância da ética e da responsabilidade social na liderança e como esses princípios podem orientar seu comportamento e impactar positivamente sua equipe e organização.

A Base da Ética na Liderança

A ética na liderança começa com um compromisso pessoal com princípios morais sólidos. Esses princípios podem incluir honestidade, transparência, respeito pelos outros, justiça e responsabilidade. Aqui estão algumas maneiras pelas quais a ética desempenha um papel fundamental na liderança:

Construção de Confiança: Líderes éticos são confiáveis. Sua integridade cria confiança entre eles e suas equipes, o que é fundamental para o sucesso.

Tomada de Decisões Éticas: Líderes éticos tomam decisões que consideram não apenas os interesses da organização, mas também o impacto sobre os funcionários, clientes, comunidade e meio ambiente.

Liderança pelo Exemplo: Líderes éticos servem como modelos de comportamento ético. Eles estabelecem padrões elevados e esperam o mesmo de suas equipes.

Sustentabilidade e Responsabilidade Social: A ética na liderança também inclui a consideração da responsabilidade social da organização. Líderes éticos se esforçam para garantir que suas empresas atuem de maneira responsável e sustentável.

Responsabilidade Social: Além dos Lucros

A responsabilidade social vai além dos objetivos financeiros de uma organização. Envolve a consideração dos impactos sociais e ambientais das operações de negócios. Aqui estão algumas maneiras pelas quais a responsabilidade social é relevante para a liderança:

Satisfação do Cliente e Lealdade: Empresas que demonstram responsabilidade social muitas vezes atraem e mantêm clientes satisfeitos, que valorizam o compromisso da empresa com causas éticas.

Atração de Talentos: Profissionais talentosos são atraídos por organizações que demonstram responsabilidade social, pois desejam trabalhar para empresas que compartilham valores semelhantes.

Reputação e Legado: A responsabilidade social pode construir uma reputação sólida e um legado positivo para a organização e seus líderes.

Estratégias para Promover a Ética e a Responsabilidade Social

Defina Valores Claros: Estabeleça valores éticos e uma missão que inclua responsabilidade social como parte integrante.

Crie Políticas e Diretrizes Éticas: Desenvolva políticas organizacionais que incentivem e protejam a ética e a responsabilidade social.

Promova a Transparência: Seja transparente sobre as operações e práticas da empresa, incluindo divulgações financeiras e ambientais.

Envolva a Equipe: Inclua os membros da equipe na promoção da ética e da responsabilidade social, envolvendo-os em iniciativas e decisões relacionadas a essas áreas.

Avalie o Impacto Social: Regularmente, avalie o impacto social e ambiental das operações da organização e faça melhorias conforme necessário.

Contribua para a Comunidade: Incentive a participação da empresa em iniciativas de responsabilidade social que beneficiem a comunidade local e global.

Conclusão

A ética e a responsabilidade social são fundamentais para a liderança de qualidade e para o sucesso sustentável das organizações. Líderes éticos estabelecem um padrão elevado de comportamento, promovendo a confiança e a integridade em todos os níveis da organização. Além disso, a responsabilidade social ajuda as empresas a agir de maneira responsável em relação à sociedade e ao meio ambiente, contribuindo para uma reputação positiva e um impacto social significativo. Como líder, você tem a oportunidade de moldar a cultura da organização e inspirar outros a agirem com ética e responsabilidade social, criando um ambiente de trabalho e uma comunidade mais justos e sustentáveis.

Capítulo 18: Liderança Ética: O Que Isso Significa?

Liderança ética é um conceito fundamental que se baseia na aplicação de princípios morais sólidos e na busca constante pela integridade em todas as ações e decisões como líder. Ela vai além de alcançar metas e resultados; trata-se de conduzir a si mesmo e a equipe de maneira que seja justa, respeitosa e responsável. Para entender o que significa liderança ética, é importante explorar seus principais componentes:

1. Integridade e Honestidade

A integridade é o alicerce da liderança ética. Isso envolve a consistência entre o que você diz e o que faz. Líderes éticos são honestos em todas as interações e agem de maneira congruente com seus valores e princípios.

2. Respeito por Pessoas e Diversidade

Líderes éticos demonstram respeito por todas as pessoas, independentemente de sua origem, gênero, raça ou crenças. Eles valorizam a diversidade e promovem um ambiente inclusivo.

3. Justiça e Equidade

A justiça é fundamental na liderança ética. Isso significa tomar decisões imparciais e tratar todos os membros da equipe com equidade, considerando suas necessidades e méritos individuais.

4. Responsabilidade Pessoal e Organizacional

Líderes éticos assumem a responsabilidade por suas ações e decisões. Eles também promovem a responsabilidade dentro da organização, garantindo que todos entendam suas obrigações e cumpram-nas.

5. Transparência e Comunicação Aberta

A transparência é um pilar da liderança ética. Isso envolve a divulgação de informações relevantes de maneira clara e aberta. Líderes éticos promovem uma comunicação franca e honesta em toda a organização.

6. Empatia e Cuidado com os Outros

Líderes éticos demonstram empatia, compreendendo e considerando os sentimentos e necessidades dos outros. Eles se preocupam genuinamente com o bem-estar de sua equipe.

7. Tomada de Decisões Éticas

A liderança ética envolve tomar decisões baseadas em princípios morais e em consideração ao impacto sobre as pessoas e a sociedade como um todo, não apenas nos resultados financeiros.

8. Consciência das Consequências

Líderes éticos estão cientes das consequências de suas ações e decisões. Eles consideram o impacto a curto e longo prazo sobre todas as partes interessadas.

9. Adaptabilidade Ética

A ética na liderança também envolve adaptar princípios éticos a situações complexas e desafios em evolução, encontrando soluções que sejam justas e alinhadas com os valores fundamentais.

10. Modelagem de Comportamento Ético

Líderes éticos servem como modelos de comportamento ético para sua equipe, demonstrando consistentemente o que significa agir com integridade.

Benefícios da Liderança Ética

Liderança ética não apenas promove um ambiente de trabalho positivo, mas também oferece benefícios significativos para a organização. Isso inclui o fortalecimento da confiança dos funcionários, a melhoria da reputação da empresa, o aumento da satisfação do cliente e uma cultura organizacional mais sólida e coesa.

Em resumo, liderança ética significa liderar com valores e princípios que promovem o respeito, a justiça, a integridade e a responsabilidade em todas as interações e decisões. Ela cria uma base sólida para relacionamentos de confiança e sucesso sustentável, impactando positivamente a equipe, a organização e a sociedade como um todo. Como líder, cultivar uma abordagem ética é essencial para guiar sua equipe em direção a um futuro mais justo, responsável e ético.

~

Tomando Decisões Moralmente Justas

Tomar decisões moralmente justas é um componente fundamental da liderança ética. As decisões que um líder toma não apenas refletem sua própria integridade, mas também têm um impacto profundo nas pessoas ao seu redor e na organização como um todo. A moralidade e a justiça desempenham um papel crucial na tomada de decisões, e líderes éticos consideram cuidadosamente esses princípios ao enfrentar dilemas éticos e tomar decisões difíceis.

Compreendendo a Moralidade e a Justiça

Antes de explorarmos como tomar decisões moralmente justas, é importante entender esses conceitos:

Moralidade: Refere-se a um conjunto de princípios, valores e normas que orientam o comportamento humano em relação ao que é certo e errado. A moralidade é muitas vezes influenciada por crenças pessoais, culturais, religiosas e sociais.

Justiça: Refere-se à equidade, imparcialidade e tratamento justo das pessoas. A justiça envolve considerar as necessidades, direitos e interesses de todas as partes envolvidas em uma situação.

Passos para Tomar Decisões Moralmente Justas

Aqui estão passos que os líderes podem seguir para tomar decisões moralmente justas:

1. Coleta de Informações

Reúna todas as informações relevantes sobre a situação. Isso inclui entender os fatos, as pessoas envolvidas, as possíveis consequências e as alternativas disponíveis.

2. Identificação de Valores Fundamentais

Examine seus próprios valores e princípios fundamentais, bem como os valores da organização. Pergunte-se quais valores são mais importantes na situação em questão.

3. Avaliação de Impacto

Considere o impacto de cada opção de decisão sobre todas as partes interessadas envolvidas. Isso inclui funcionários, clientes, acionistas, comunidade e outros afetados pela decisão.

4. Consulta e Deliberação

Busque a perspectiva de outros, especialmente daqueles que podem ter insights valiosos sobre a situação. Ouça opiniões divergentes e avalie as implicações éticas de cada alternativa.

5. Aplicação de Princípios Éticos

Aplique princípios éticos, como respeito pelos direitos humanos, justiça, equidade e transparência, para avaliar as opções de decisão.

6. Tomada de Decisão e Ação

Com base em todos os passos anteriores, tome uma decisão que seja consistente com seus valores, promova a justiça e seja moralmente correta. Implemente a decisão de forma consistente e justa.

7. Monitoramento e Reflexão

Acompanhe os resultados da decisão e esteja disposto a ajustar sua abordagem se for necessário. Reflita sobre a decisão e suas consequências para o aprendizado contínuo.

Exemplo de Dilema Ético: Demissão de um Funcionário

Um exemplo de dilema ético pode ser a demissão de um funcionário. Nesse caso, um líder ético consideraria:

Respeitar os direitos do funcionário, como um processo justo de demissão e apoio na transição.

Avaliar o impacto sobre a equipe e a cultura da empresa.

Buscar alternativas, como treinamento adicional ou realocação.

Ser transparente e honesto durante o processo.

Conclusão

A tomada de decisões moralmente justas é uma parte essencial da liderança ética. Os líderes éticos não apenas consideram seus próprios valores, mas também buscam a equidade e o respeito pelos direitos e interesses de todas as partes envolvidas. Embora tomar decisões moralmente justas possa ser desafiador, esse compromisso com a ética e a justiça é fundamental para criar uma cultura organizacional sólida e inspirar confiança entre a equipe e a comunidade. Como líder, você tem a responsabilidade de guiar sua equipe com integridade e respeito, mesmo nas situações mais difíceis.

Capítulo 19: O Papel da Liderança na Responsabilidade Social Corporativa

A Responsabilidade Social Corporativa (RSC) é um conceito que abrange o compromisso das empresas em agir de maneira ética e contribuir positivamente para a sociedade e o meio ambiente. A liderança desempenha um papel crucial na orientação e implementação eficaz das práticas de RSC em uma organização. Neste contexto, exploraremos o papel fundamental da liderança na Responsabilidade Social Corporativa e como os líderes podem impulsionar iniciativas que beneficiem não apenas a empresa, mas também a comunidade e o planeta.

Definindo a Visão e a Missão de RSC

A liderança desempenha um papel central na definição da visão e da missão de RSC da empresa. Isso envolve estabelecer metas e valores que demonstrem o compromisso da organização com questões sociais e ambientais. Os líderes devem comunicar de forma clara e consistente como a empresa pretende contribuir para a sociedade.

Integração da RSC na Cultura Organizacional

A liderança ética estabelece um tom ético em toda a organização. Os líderes devem promover uma cultura que valorize a RSC, incentivando os funcionários a adotar práticas éticas e responsáveis em suas atividades diárias. Isso inclui a integração da RSC nos processos de negócios e nas decisões estratégicas.

Definição de Políticas e Práticas de RSC

Os líderes desempenham um papel fundamental na criação de políticas e práticas que orientem as atividades de RSC da empresa. Isso envolve o estabelecimento de diretrizes para a redução do impacto ambiental, promoção da diversidade e inclusão, ética nos negócios e outras áreas relacionadas à RSC.

Alocação de Recursos e Investimentos Responsáveis

Os líderes têm a responsabilidade de alocar recursos financeiros e humanos para apoiar iniciativas de RSC. Isso pode incluir investimentos em energias renováveis, programas de voluntariado corporativo, doações para causas sociais e muito mais.

Transparência e Comunicação com as Partes Interessadas

A liderança ética promove a transparência na comunicação com todas as partes interessadas, incluindo funcionários, clientes, investidores e a comunidade. Os líderes devem relatar abertamente as ações da empresa em relação à RSC, seus impactos e metas.

Monitoramento e Avaliação do Progresso

Líderes responsáveis não apenas estabelecem metas de RSC, mas também monitoram e avaliam o progresso em relação a essas metas. Isso envolve a medição de indicadores-chave de desempenho relacionados à RSC e a realização de relatórios periódicos.

Responsabilidade pela Ética e Padrões Elevados

Os líderes devem definir o exemplo quando se trata de ética e padrões elevados. Eles devem garantir que a empresa opere de maneira ética em todas as áreas, promovendo a integridade e a responsabilidade em todos os níveis da organização.

Vantagens da Liderança na RSC

Reforço da Reputação: Empresas com líderes engajados na RSC geralmente desfrutam de uma reputação mais positiva junto aos clientes, investidores e comunidades.

Atração de Talentos: A liderança comprometida com a RSC atrai talentos que valorizam empresas social e ambientalmente responsáveis.

Resiliência Empresarial: A RSC pode aumentar a resiliência da empresa diante de desafios e crises, pois demonstra um compromisso com valores sólidos.

Inovação Sustentável: Líderes engajados na RSC podem impulsionar a inovação sustentável, levando a produtos e serviços mais eficientes e ecológicos.

Impacto Positivo na Sociedade: O envolvimento da empresa em iniciativas de RSC pode gerar um impacto positivo nas comunidades locais e na sociedade como um todo.

Conclusão

A liderança desempenha um papel crítico na Responsabilidade Social Corporativa, moldando a cultura, a visão e as práticas da organização em relação a questões éticas e responsáveis. Os líderes éticos são essenciais para orientar as empresas em direção a práticas de negócios mais sustentáveis e socialmente responsáveis. Ao integrar a RSC em todos os aspectos da empresa e promover a transparência e a responsabilidade, os líderes podem impulsionar um impacto positivo na sociedade e no meio ambiente, enquanto também fortalecem a reputação e o sucesso a longo prazo da organização.

Capítulo 20: Adaptabilidade e Resiliência

No ambiente empresarial em constante evolução e nas complexas paisagens globais de hoje, a adaptabilidade e a resiliência se tornaram qualidades críticas para líderes de qualidade. Este capítulo explora como os líderes podem cultivar e aplicar essas habilidades para navegar com sucesso por tempos de mudança, incerteza e desafio. A adaptabilidade permite que os líderes se ajustem às novas circunstâncias, enquanto a resiliência os capacita a enfrentar adversidades com determinação e recuperação. Vamos explorar como esses traços podem ser desenvolvidos e aplicados em seu papel de liderança.

A Importância da Adaptabilidade

A adaptabilidade é a capacidade de se ajustar e responder eficazmente às mudanças e desafios em curso. Como líder, sua habilidade de se adaptar pode afetar significativamente o desempenho da equipe e a capacidade da organização de prosperar. Aqui estão alguns aspectos importantes da adaptabilidade:

Flexibilidade de Pensamento: Líderes adaptáveis são capazes de considerar novas ideias e abordagens, mesmo que elas se afastem do status quo. Eles estão dispostos a questionar suposições e se adaptar a novas informações.

Mudança de Estratégia: Em um ambiente de negócios em constante evolução, a capacidade de ajustar a estratégia é vital. Líderes adaptáveis podem alterar planos e direções conforme necessário para atingir objetivos.

Empatia e Comunicação: A adaptabilidade também envolve ser sensível às necessidades e preocupações da equipe durante períodos de mudança. Uma comunicação eficaz é fundamental para manter a moral e a confiança.

Aprendizado Contínuo: Líderes adaptáveis veem as mudanças como oportunidades de aprendizado e crescimento. Eles estão dispostos a adquirir novas habilidades e conhecimentos para se manterem relevantes.

Resolução de Problemas Ágil: A adaptabilidade se traduz em uma abordagem ágil para a resolução de problemas. Líderes que podem se ajustar rapidamente às circunstâncias são mais eficazes na solução de desafios imprevistos.

Fomentando a Resiliência

A resiliência é a capacidade de lidar com adversidades, estresse e desafios de maneira construtiva. Ela não apenas ajuda os líderes a superar obstáculos, mas também a manter um desempenho consistente em face de pressões e contratempos. Aqui estão algumas maneiras de cultivar a resiliência:

Mente Positiva: Cultive uma mentalidade positiva, vendo desafios como oportunidades de crescimento.

Autoconhecimento: Compreenda suas próprias reações ao estresse e desenvolva estratégias para lidar com ele de maneira saudável.

Rede de Apoio: Mantenha uma rede de apoio sólida, tanto pessoal como profissionalmente. Compartilhar preocupações com outros pode aliviar o fardo emocional.

Foco no Controle: Concentre-se no que você pode controlar e aceite o que está além de seu controle. Isso evita sentimentos de impotência.

Aprenda com a Adversidade: Veja as experiências adversas como oportunidades de aprendizado. O que você pode extrair de desafios passados para enfrentar os futuros de forma mais eficaz?

Saúde e Bem-Estar: Cuide de sua saúde física e mental. O autocuidado é essencial para a resiliência.

Conclusão

A adaptabilidade e a resiliência são habilidades cruciais para os líderes de qualidade. A capacidade de se ajustar às mudanças, aprender com os desafios e enfrentar a adversidade com determinação são qualidades que não apenas beneficiam sua própria liderança, mas também inspiram e capacitam sua equipe a enfrentar os altos e baixos do ambiente de negócios. Como líder, você tem a oportunidade de modelar e promover essas habilidades, contribuindo para o sucesso duradouro de sua organização e o crescimento pessoal contínuo.

Capítulo 21: Lidando com Mudanças e Crises

Lidar com mudanças e crises é uma habilidade crucial para líderes de qualidade. Em um mundo em constante evolução, as organizações enfrentam regularmente desafios que exigem adaptação rápida e resiliência. Neste capítulo, exploraremos como os líderes podem enfrentar eficazmente mudanças e crises, apoiando suas equipes e mantendo a estabilidade e o desempenho organizacional em momentos de incerteza.

Entendendo a Natureza das Mudanças e Crises

Mudanças Organizacionais

As mudanças organizacionais podem assumir várias formas, como reestruturações, fusões, aquisições, mudanças de liderança e transformações digitais. Elas podem ser planejadas ou surgir inesperadamente, mas geralmente implicam a necessidade de adaptação por parte da equipe.

Crises

As crises são eventos imprevistos que ameaçam a estabilidade ou a reputação da organização. Isso pode incluir desastres naturais, crises de relações públicas, pandemias, crises financeiras e muito mais. As crises requerem ação rápida e eficaz para minimizar danos.

Liderança durante Mudanças

Comunicação Clara e Aberta

Durante períodos de mudanças, a comunicação é essencial. Os líderes devem fornecer informações claras sobre o motivo das mudanças, as implicações para a equipe e os próximos passos. A comunicação frequente ajuda a reduzir a incerteza.

Definição de Expectativas

Estabelecer expectativas realistas é importante. Os líderes devem explicar o que se espera da equipe durante o processo de mudança, incluindo quaisquer ajustes nas responsabilidades ou metas.

Apoio à Equipe

Reconheça o impacto emocional que as mudanças podem ter na equipe. Esteja disponível para ouvir preocupações, oferecer suporte e criar um ambiente de trabalho que promova o bem-estar durante a transição.

Flexibilidade e Adaptação

Líderes devem estar dispostos a ajustar planos à medida que as mudanças se desenrolam. A flexibilidade é fundamental para responder a desafios inesperados.

Liderança durante Crises

Tomada de Decisões Ágeis

Em uma crise, as decisões devem ser tomadas rapidamente. Líderes devem estar preparados para reunir informações, avaliar riscos e agir com determinação.

Comunicação Transparente

A comunicação aberta e transparente é ainda mais crítica durante uma crise. Os líderes devem informar as partes interessadas sobre a situação, as ações sendo tomadas e quaisquer impactos esperados.

Mobilização da Equipe

A equipe deve ser mobilizada de acordo com a natureza da crise. Isso pode envolver a reorganização de recursos, a implantação de equipes de resposta a emergências e o treinamento para enfrentar desafios específicos.

Aprendizado e Adaptação

Após uma crise, a liderança deve conduzir uma revisão para entender o que funcionou, o que não funcionou e como melhorar a preparação para futuras crises.

Conclusão

Lidar com mudanças e crises é um teste importante para a liderança. Os líderes que podem guiar suas equipes com confiança e resiliência em face de desafios são essenciais para a estabilidade e o sucesso organizacional. A comunicação eficaz, a empatia, a adaptabilidade e a prontidão para a ação são qualidades críticas durante esses períodos. Como líder, você desempenha um papel vital em manter sua equipe informada, motivada e capacitada para enfrentar mudanças e crises com determinação e confiança.

Capítulo 22: Desenvolvendo a Resiliência Pessoal e Organizacional

A resiliência é a capacidade de lidar com desafios, adversidades e crises de forma construtiva e eficaz. Tanto a resiliência pessoal quanto a organizacional são essenciais para superar obstáculos e prosperar em ambientes em constante mudança. Neste capítulo, exploraremos como líderes podem desenvolver resiliência em si mesmos e em suas organizações, fortalecendo sua capacidade de enfrentar desafios e prosperar no longo prazo.

Desenvolvendo a Resiliência Pessoal

1. Autoconhecimento

Compreender suas próprias reações ao estresse e às adversidades é o primeiro passo para desenvolver a resiliência. A autoconsciência permite que você identifique suas fraquezas e áreas a serem melhoradas.

2. Mentalidade Positiva

Cultive uma mentalidade positiva, vendo desafios como oportunidades de crescimento. Acreditar em sua capacidade de superar dificuldades é fundamental para a resiliência.

3. Foco no Controle

Concentre-se no que você pode controlar e aceite o que está além de seu controle. Isso ajuda a evitar sentimentos de impotência.

4. Auto-Cuidado

Mantenha uma rotina de autocuidado que inclua sono adequado, exercícios físicos, alimentação saudável e práticas de relaxamento. Um corpo e mente saudáveis são mais resilientes.

5. Rede de Apoio

Mantenha uma rede de apoio forte, composta por amigos, familiares e colegas de confiança. Compartilhar preocupações com outros pode aliviar o fardo emocional.

6. Aprendizado com a Adversidade

Veja as experiências adversas como oportunidades de aprendizado. Pergunte-se o que você pode extrair de desafios passados para enfrentar os futuros de forma mais eficaz.

Desenvolvendo a Resiliência Organizacional

1. Cultura de Resiliência

Promova uma cultura organizacional que valorize a resiliência. Isso envolve encorajar a inovação, a flexibilidade e a aprendizagem contínua.

2. Comunicação Aberta

Estabeleça uma comunicação aberta e transparente em toda a organização. A equipe deve se sentir à vontade para compartilhar preocupações e ideias.

3. Planejamento de Continuidade de Negócios

Desenvolva um plano de continuidade de negócios que aborde possíveis crises e contingências. Isso ajuda a garantir que a organização possa operar mesmo em tempos difíceis.

4. Flexibilidade Organizacional

Promova a flexibilidade organizacional, permitindo que a equipe se adapte a novas circunstâncias e adote abordagens inovadoras quando necessário.

5. Avaliação e Melhoria Contínua

Após enfrentar desafios, conduza uma revisão para entender o que funcionou e o que pode ser melhorado.

A aprendizagem contínua é essencial para aprimorar a resiliência organizacional.

Conclusão

Desenvolver a resiliência pessoal e organizacional é essencial para enfrentar os desafios que a vida e os negócios apresentam. Como líder, você desempenha um papel crucial em promover a resiliência em si mesmo e em sua equipe. Ao cultivar uma mentalidade positiva, promover o autocuidado, construir uma cultura organizacional resiliente e estar preparado para aprender com a adversidade, você estará melhor equipado para enfrentar desafios e prosperar em um mundo em constante mudança. A resiliência não apenas ajuda a superar dificuldades, mas também fortalece a confiança e a capacidade de liderar eficazmente em momentos de incerteza.

Capítulo 23: A Liderança em Tempos de Incerteza

Liderar em tempos de incerteza é um desafio significativo, mas também uma oportunidade para os líderes demonstrarem sua capacidade de adaptar-se, fornecer direção e manter a estabilidade. A incerteza pode surgir de várias fontes, como crises econômicas, mudanças tecnológicas rápidas, pandemias, eventos políticos imprevisíveis e muito mais. Neste capítulo, exploraremos as características essenciais da liderança em tempos de incerteza e como os líderes podem guiar suas equipes com sucesso durante esses períodos desafiadores.

Características da Liderança em Tempos de Incerteza

1. Comunicação Clara e Aberta

A comunicação é fundamental. Os líderes devem ser transparentes sobre a situação atual, os desafios enfrentados e as medidas sendo tomadas. A comunicação frequente ajuda a reduzir a ansiedade e a incerteza da equipe.

2. Empatia e Apoio à Equipe

Demonstrar empatia e preocupação genuína com o bem-estar da equipe é essencial. Os líderes devem estar dispostos a ouvir preocupações, fornecer apoio emocional e garantir que a equipe se sinta apoiada.

3. Flexibilidade e Adaptação

Em tempos de incerteza, as circunstâncias podem mudar rapidamente. Os líderes devem ser flexíveis e estar dispostos a ajustar planos e estratégias à medida que a situação evolui.

4. Tomada de Decisões Ágeis

Em situações incertas, a tomada de decisões rápidas e informadas é essencial. Os líderes devem ser capazes de avaliar riscos e agir com determinação, mesmo quando a informação completa não está disponível.

5. Mentalidade Positiva

Cultivar uma mentalidade positiva é importante para manter a moral da equipe. Os líderes devem acreditar na capacidade de superar desafios e inspirar essa confiança em sua equipe.

Estratégias para a Liderança em Tempos de Incerteza

1. Planejamento de Contingência

Desenvolver planos de contingência para diferentes cenários é uma prática importante. Isso ajuda a organização a estar preparada para enfrentar desafios inesperados.

2. Aprendizado Contínuo

Promover uma cultura de aprendizado contínuo é fundamental. A equipe deve estar disposta a aprender com experiências passadas e a se adaptar a novas informações e desafios.

3. Inovação e Criatividade

Estimule a inovação e a criatividade dentro da equipe. Em tempos de incerteza, novas abordagens e soluções criativas podem ser necessárias.

4. Monitoramento e Avaliação Constantes

Acompanhar o progresso e avaliar a eficácia das estratégias é essencial. Isso permite ajustes conforme necessário e ajuda a manter o foco nas metas.

Conclusão

Liderar em tempos de incerteza requer uma combinação de habilidades de comunicação, empatia, flexibilidade e resiliência. Os líderes desempenham um papel vital em fornecer direção, manter a moral e criar estabilidade em momentos desafiadores. Ao adotar uma abordagem positiva, promover a comunicação aberta e estar preparado para tomar decisões ágeis e inovadoras, os líderes podem enfrentar incertezas com confiança e guiar suas equipes para o sucesso, mesmo nas situações mais imprevisíveis. A liderança eficaz em tempos de incerteza é uma demonstração notável de habilidade e resiliência.

Capítulo 23: Liderança Transformacional

A liderança transformacional é um estilo de liderança que vai além da simples gestão e busca inspirar e elevar os membros da equipe a alcançarem seu potencial máximo. Este capítulo explora os princípios e práticas da liderança transformacional, mostrando como os líderes podem motivar e capacitar suas equipes a alcançarem níveis excepcionais de desempenho e contribuição. A liderança transformacional não se trata apenas de gerenciar pessoas, mas de liderar pelo exemplo, inspirar a inovação e promover uma cultura de crescimento contínuo.

Entendendo a Liderança Transformacional

A liderança transformacional é caracterizada por um conjunto distinto de comportamentos e valores que visam impulsionar a transformação e o desenvolvimento das pessoas e da organização como um todo. Alguns dos princípios-chave incluem:

1. Visão Inspiradora

Os líderes transformacionais têm uma visão clara e inspiradora do futuro. Eles conseguem comunicar essa visão de maneira convincente e envolvente, inspirando outros a se alinharem com ela.

2. Empoderamento e Delegação

Esses líderes não apenas dizem às pessoas o que fazer, mas também as capacitam a tomar decisões e agir com autonomia. Eles confiam em suas equipes e valorizam suas contribuições.

3. Motivação Intrínseca

A liderança transformacional se baseia na motivação intrínseca, ou seja, motivar as pessoas a partir de dentro. Isso envolve a criação de um ambiente de trabalho onde os indivíduos se sintam inspirados a se superar e a alcançar seu potencial máximo.

4. Desenvolvimento de Pessoas

Esses líderes estão comprometidos com o crescimento e o desenvolvimento de suas equipes. Eles fornecem orientação, feedback construtivo e oportunidades de aprendizado.

5. Inovação e Mudança

A liderança transformacional promove a inovação e a mudança. Os líderes estão dispostos a desafiar o status quo e a buscar constantemente novas maneiras de fazer as coisas.

Práticas da Liderança Transformacional

1. Modelagem de Comportamento

Os líderes transformacionais são modelos de comportamento inspirador. Eles demonstram os valores e a ética que esperam de suas equipes.

2. Comunicação Eficaz

A comunicação é uma parte central da liderança transformacional. Os líderes devem ser excelentes comunicadores, capazes de articular sua visão de maneira inspiradora e envolvente.

3. Feedback Construtivo

Fornecer feedback construtivo é importante para o desenvolvimento das pessoas. Os líderes transformacionais sabem como dar feedback de forma a impulsionar o crescimento e a melhoria.

4. Apoio ao Desenvolvimento de Habilidades

Esses líderes oferecem oportunidades para o desenvolvimento de habilidades e promovem um ambiente de aprendizado contínuo.

5. Celebração de Conquistas

Reconhecer e celebrar as conquistas da equipe é uma parte importante da liderança transformacional. Isso reforça o senso de realização e pertencimento.

Benefícios da Liderança Transformacional

Maior Motivação e Engajamento: As equipes lideradas por líderes transformacionais tendem a estar mais motivadas e engajadas em seus trabalhos.

Melhoria do Desempenho: A liderança transformacional está associada a níveis mais altos de desempenho e produtividade.

Cultura de Inovação: Esses líderes promovem a inovação e a criatividade, impulsionando a adaptação e o crescimento da organização.

Desenvolvimento de Talentos: A liderança transformacional ajuda no desenvolvimento de talentos e na retenção de funcionários de alto potencial.

Conclusão

A liderança transformacional é um estilo poderoso que pode elevar o desempenho e a cultura de uma organização. Ela se concentra em inspirar, capacitar e desenvolver as pessoas, levando a resultados excepcionais. Ao entender os princípios e práticas da liderança transformacional, os líderes podem criar um ambiente de trabalho onde as pessoas se sintam motivadas, engajadas e capacitadas a alcançar seu melhor desempenho. Essa abordagem não apenas beneficia as equipes, mas também fortalece a organização como um todo, permitindo que ela se adapte e prospere em um ambiente de negócios em constante evolução.

Capítulo 24: Criando uma Visão Compartilhada

A criação de uma visão compartilhada é um elemento fundamental da liderança transformacional. Uma visão compartilhada é uma imagem clara e inspiradora do futuro que um líder deseja criar para sua equipe ou organização. Essa visão não é imposta, mas é desenvolvida em colaboração com os membros da equipe, o que a torna significativa e envolvente para todos. Neste capítulo, exploraremos a importância da criação de uma visão compartilhada e como os líderes podem desenvolvê-la de maneira eficaz.

Por que uma Visão Compartilhada é Importante

Inspiração: Uma visão compartilhada inspira e motiva as pessoas, fornecendo um propósito claro e significativo para o trabalho que estão realizando.

Alinhamento: Ela ajuda a alinhar todos os membros da equipe ou organização em direção a objetivos comuns, garantindo que todos estejam na mesma página.

Foco: Uma visão compartilhada ajuda a manter o foco nas metas de longo prazo, mesmo quando surgem desafios ou distrações no caminho.

Engajamento: Os membros da equipe se sentem mais envolvidos quando têm uma visão clara do futuro e sabem como seu trabalho contribui para alcançá-la.

Tomada de Decisão: Ela fornece um quadro de referência para a tomada de decisões, ajudando a determinar quais ações estão alinhadas com a visão e quais não estão.

Desenvolvendo uma Visão Compartilhada

Envolver a Equipe: A criação de uma visão compartilhada deve ser um esforço colaborativo. Envolver a equipe desde o início é essencial para garantir que todos tenham um senso de propriedade e investimento na visão.

Comunicar a Visão: A visão deve ser comunicada de forma clara e envolvente. Os líderes devem ser eficazes na transmissão da visão para que todos a compreendam e se sintam inspirados por ela.

Definir Metas e Estratégias: A visão deve ser apoiada por metas claras e estratégias para alcançá-las. Isso fornece um plano concreto para transformar a visão em realidade.

Promover o Alinhamento: Os líderes devem garantir que todas as atividades e decisões estejam alinhadas com a visão compartilhada. Isso ajuda a manter o foco e a consistência.

Cultivar o Compromisso: O compromisso com a visão deve ser cultivado continuamente. Isso pode incluir reconhecimento e recompensas para aqueles que contribuem para a realização da visão.

Adaptabilidade: Embora a visão seja uma diretriz de longo prazo, deve haver espaço para adaptação conforme as circunstâncias mudam. Os líderes devem estar dispostos a ajustar a visão quando necessário.

Conclusão

Uma visão compartilhada é uma ferramenta poderosa para inspirar, alinhar e engajar uma equipe ou organização em direção a objetivos comuns. Os líderes transformacionais reconhecem a importância de desenvolver uma visão que ressoe com todos os membros da equipe e que os motive a alcançar resultados excepcionais. Ao envolver a equipe na criação da visão, comunicá-la eficazmente e garantir que todas as atividades estejam alinhadas com ela, os líderes podem criar um ambiente onde todos se sintam parte de algo maior e se esforcem para alcançar essa visão compartilhada.

Capítulo 25: Inspirando a Mudança e Inovação

Inspirar a mudança e a inovação é uma parte fundamental da liderança transformacional. Os líderes transformacionais não apenas mantêm o status quo, mas também promovem uma cultura de crescimento, criatividade e adaptação. Neste capítulo, exploraremos como os líderes podem inspirar a mudança e a inovação em suas equipes e organizações, criando um ambiente propício para o desenvolvimento e a evolução contínua.

A Importância da Mudança e Inovação

A mudança e a inovação são cruciais para o sucesso a longo prazo de qualquer organização. Aqui estão algumas razões pelas quais elas são tão importantes:

Adaptação ao Ambiente em Evolução: O mundo dos negócios está em constante mudança, e as organizações que não conseguem se adaptar rapidamente correm o risco de ficar obsoletas.

Melhoria Contínua: A inovação permite melhorar processos, produtos e serviços, aumentando a eficiência e a satisfação do cliente.

Competitividade: As empresas inovadoras muitas vezes têm uma vantagem competitiva, pois podem oferecer algo novo e valioso aos clientes.

Atração e Retenção de Talentos: Ambientes de trabalho que promovem a inovação são mais atraentes para talentos, o que ajuda a atrair e reter funcionários de alto potencial.

Como Inspirar a Mudança e a Inovação

Crie uma Cultura de Inovação: Os líderes transformacionais estabelecem uma cultura que valoriza e recompensa a inovação. Eles promovem a experimentação e aceitam o fracasso como parte do processo de aprendizado.

Defina Expectativas Claras: Estabeleça expectativas claras de que a mudança e a inovação são prioridades. Os membros da equipe devem entender que são encorajados a propor novas ideias e abordagens.

Comunique a Visão: Comunique a visão de mudança e inovação de maneira clara e inspiradora. Explique por que essas mudanças são necessárias e como elas contribuirão para o sucesso da organização.

Dê o Exemplo: Líderes transformacionais lideram pelo exemplo. Eles demonstram abertura à mudança, estão dispostos a assumir riscos calculados e estão abertos a novas ideias.

Fomente a Colaboração: Promova a colaboração e a diversidade de pensamento. Ambientes onde as pessoas de diferentes origens e áreas de especialização trabalham juntas são frequentemente mais inovadores.

Forneça Recursos e Apoio: Certifique-se de que a equipe tenha os recursos necessários para experimentar e inovar. Ofereça treinamento, tempo e financiamento, quando apropriado.

Reconheça e Recompense: Reconheça e recompense as contribuições da equipe para a mudança e a inovação. Isso motiva as pessoas a continuar buscando novas ideias e abordagens.

Lidando com a Resistência

É importante reconhecer que a mudança e a inovação podem enfrentar resistência. Algumas pessoas podem se sentir desconfortáveis com o desconhecido ou temer que as mudanças afetem negativamente seu trabalho. Os líderes transformacionais devem abordar essas preocupações de maneira empática e proativa, envolvendo a equipe no processo de mudança, fornecendo informações e esclarecimentos e demonstrando os benefícios da inovação.

Conclusão

Inspirar a mudança e a inovação é um aspecto crítico da liderança transformacional. Os líderes transformacionais não apenas reconhecem a importância da mudança, mas também criam um ambiente onde a criatividade e a adaptação são incentivadas e valorizadas. Ao promover uma cultura de inovação, definir expectativas claras, dar o exemplo e fornecer apoio à equipe, os líderes podem desempenhar um papel fundamental na promoção do crescimento e no sucesso contínuo de suas organizações.

Capítulo 26: Desenvolvendo uma Cultura Organizacional Orientada para o Futuro

Uma cultura organizacional orientada para o futuro é essencial para o sucesso e a sustentabilidade de uma organização em um mundo em constante mudança. Essa cultura valoriza a inovação, a adaptabilidade e o aprendizado contínuo. Neste capítulo, exploraremos como os líderes podem desenvolver e promover uma cultura que inspire as equipes a abraçarem o futuro com confiança e determinação.

A Importância de uma Cultura Orientada para o Futuro

Adaptação às Mudanças: Uma cultura orientada para o futuro prepara a organização para se adaptar rapidamente a mudanças no ambiente de negócios.

Inovação Sustentável: Ela promove a inovação como uma prática contínua, permitindo que a organização desenvolva novas ideias e soluções de forma consistente.

Atração de Talentos: Ambientes de trabalho que valorizam o futuro são atraentes para talentos que buscam crescimento e desenvolvimento contínuos.

Competitividade: Organizações com uma cultura voltada para o futuro muitas vezes têm uma vantagem competitiva, pois podem se adaptar mais rapidamente às demandas do mercado.

Como Desenvolver uma Cultura Orientada para o Futuro

Defina uma Visão Inspiradora: Articule uma visão clara do futuro que inspire a equipe. Comunique essa visão de forma constante e envolvente.

Crie um Ambiente de Aprendizado Contínuo: Promova uma cultura que valorize a aprendizagem e o desenvolvimento. Ofereça oportunidades de treinamento e promova a troca de conhecimento.

Fomente a Inovação: Incentive a geração de novas ideias e a experimentação. Crie espaço para a criatividade e recompense as contribuições inovadoras.

Promova a Diversidade e Inclusão: Ambientes inclusivos que valorizam a diversidade de perspectivas tendem a ser mais inovadores e adaptáveis.

Liderança Transformacional: Os líderes transformacionais desempenham um papel fundamental na promoção de uma cultura orientada para o futuro. Eles estabelecem o exemplo, inspiram a equipe e promovem a mudança.

Avaliação e Aprendizado: Realize avaliações regulares para medir o progresso em direção à cultura desejada. Aprenda com sucessos e fracassos para fazer ajustes.

Enfrentando Desafios

Desenvolver uma cultura orientada para o futuro pode encontrar resistência e desafios. Aqui estão algumas estratégias para enfrentá-los:

Lidar com a Resistência: Reconheça e aborde a resistência à mudança. Comunique os benefícios da cultura orientada para o futuro e envolva a equipe no processo de transformação.

Mudança Gradual: Às vezes, uma mudança cultural significativa pode ser assustadora. Considere fazer mudanças incrementais ao longo do tempo.

Promover a Responsabilidade: Envolver todos os membros da equipe na promoção da cultura. Crie responsabilidades e expectativas claras.

Aprender com o Fracasso: O fracasso faz parte do processo de aprendizado. Em vez de punir o fracasso, use-o como uma oportunidade de aprendizado e melhoria.

Conclusão

Uma cultura organizacional orientada para o futuro é um ativo valioso que impulsiona a inovação, a adaptabilidade e o sucesso a longo prazo. Os líderes desempenham um papel fundamental na promoção dessa cultura, definindo uma visão inspiradora, promovendo a aprendizagem contínua e incentivando a inovação. Embora possa haver desafios ao longo do caminho, o desenvolvimento de uma cultura orientada para o futuro é um investimento que pode pagar dividendos significativos à medida que a organização se adapta e prospera em um ambiente de negócios em constante evolução.

Capítulo 27: Desafios Contemporâneos para Líderes

A liderança contemporânea enfrenta uma série de desafios únicos e complexos, decorrentes da rápida evolução do ambiente de negócios e da sociedade em geral. Este capítulo explora alguns dos desafios contemporâneos mais prementes que os líderes enfrentam hoje. Ao compreender esses desafios e buscar estratégias eficazes para enfrentá-los, os líderes podem melhorar sua capacidade de guiar suas equipes e organizações para o sucesso em um mundo em constante transformação.

Desafios da Liderança Contemporânea

Tecnologia em Evolução: A rápida evolução tecnológica requer que os líderes se mantenham atualizados sobre novas ferramentas e tendências, bem como gerenciem equipes virtuais e colaborações à distância.

Diversidade e Inclusão: Líderes precisam promover ambientes de trabalho inclusivos e diversificados, valorizando diferentes perspectivas e experiências.

Sustentabilidade: A responsabilidade ambiental tornou-se uma prioridade, e os líderes enfrentam a pressão de tornar suas operações mais sustentáveis.

Globalização: A expansão para mercados globais exige que os líderes compreendam as nuances culturais e regulatórias em escala internacional.

Mudanças Demográficas: Líderes precisam gerenciar equipes multigeracionais, cada uma com valores, expectativas e estilos de trabalho diferentes.

Ética e Responsabilidade Social: A liderança ética e a responsabilidade social corporativa são imperativos, e os líderes devem equilibrar a busca pelo lucro com a responsabilidade para com a sociedade.

Crises e Incertezas: Eventos inesperados, como pandemias e crises econômicas, exigem respostas ágeis e planejamento de contingência.

Mentalidade Ágil: Líderes precisam adotar uma mentalidade ágil e promover uma cultura de aprendizado contínuo em suas organizações.

Estratégias para Superar Desafios Contemporâneos

Aprendizado Contínuo: Os líderes devem se comprometer com o aprendizado contínuo, mantendo-se atualizados sobre as tendências e questões contemporâneas.

Desenvolvimento de Habilidades Interpessoais: Habilidades interpessoais, como empatia e comunicação eficaz, são essenciais para lidar com equipes diversas e complexas.

Parcerias e Colaborações: Buscar parcerias estratégicas e colaborações pode ajudar a enfrentar desafios de maneira mais eficaz.

Definir Valores e Ética: Estabelecer valores éticos sólidos e garantir que sejam incorporados na cultura da organização.

Planejamento de Crises: Desenvolver planos de contingência e estar preparado para lidar com crises de forma eficaz.

Promover a Sustentabilidade: Integre a sustentabilidade nas operações e estratégias da organização.

Mentoria e Desenvolvimento de Talentos: Investir na mentoria e no desenvolvimento de talentos ajuda a preparar a próxima geração de líderes para enfrentar desafios contemporâneos.

Conclusão

Liderar em um mundo contemporâneo é um desafio complexo, mas também repleto de oportunidades. Ao compreender e abordar os desafios contemporâneos, os líderes podem desenvolver estratégias eficazes para navegar pelas complexidades do ambiente de negócios atual. A aprendizagem contínua, a adaptação às mudanças e a promoção de valores éticos são elementos essenciais para liderar com sucesso em meio a desafios contemporâneos.

Capítulo 28: Liderando em uma Era Digital

A revolução digital transformou profundamente a forma como vivemos e fazemos negócios. Liderar em uma era digital requer uma abordagem especializada, pois os líderes precisam entender e aproveitar as oportunidades oferecidas pela tecnologia, ao mesmo tempo que enfrentam os desafios únicos que ela apresenta. Neste capítulo, exploraremos como os líderes podem navegar com sucesso na era digital, alavancando a tecnologia para impulsionar o sucesso de suas equipes e organizações.

O Impacto da Tecnologia na Liderança

Velocidade e Agilidade: A tecnologia permite que as organizações ajam com maior velocidade e agilidade, tornando a tomada de decisões mais rápida e eficiente.

Colaboração Global: As equipes podem colaborar em tempo real, independentemente de sua localização geográfica, o que aumenta a diversidade e as perspectivas disponíveis.

Acesso a Dados e Informações: A tecnologia fornece acesso a dados valiosos que podem informar a tomada de decisões e a estratégia.

Automatização de Tarefas: Tarefas repetitivas podem ser automatizadas, liberando tempo para atividades mais estratégicas.

Inovação Contínua: A tecnologia impulsiona a inovação, permitindo o desenvolvimento de novos produtos, serviços e modelos de negócios.

Desafios da Liderança na Era Digital

Segurança Cibernética: Líderes devem garantir a segurança de dados e sistemas em um mundo digital cada vez mais vulnerável a ataques cibernéticos.

Mudança Cultural: A adaptação à tecnologia pode encontrar resistência cultural, exigindo habilidades de gerenciamento de mudanças.

Desigualdade Digital: Nem todos têm igual acesso à tecnologia, criando desafios de inclusão digital.

Informação Excessiva: Lidar com a sobrecarga de informações e discernir entre dados relevantes e irrelevantes é essencial.

Estratégias para Liderar na Era Digital

Educação Contínua: Os líderes devem se manter atualizados sobre as últimas tendências tecnológicas e seu impacto em seu setor.

Fomentar uma Cultura de Inovação: Promover uma cultura que valorize a inovação e encoraje a experimentação.

Desenvolver Habilidades Digitais: Investir no desenvolvimento das habilidades digitais da equipe para aproveitar ao máximo a tecnologia.

Gerenciar a Mudança: Lidar com a resistência à mudança, fornecer treinamento adequado e comunicar eficazmente os benefícios da tecnologia.

Priorizar a Segurança Cibernética: Implementar medidas robustas de segurança cibernética para proteger os ativos digitais da organização.

Promover a Transparência: Usar a tecnologia para aumentar a transparência nas operações da organização.

Conclusão

Liderar em uma era digital é desafiador, mas também emocionante. A tecnologia oferece oportunidades inúmeras para melhorar a eficiência, impulsionar a inovação e promover a colaboração global. No entanto, também traz consigo riscos e desafios que os líderes devem enfrentar proativamente. Ao adotar uma abordagem de aprendizado contínuo, desenvolver habilidades digitais, promover uma cultura de inovação e priorizar a segurança cibernética, os líderes podem se destacar na liderança na era digital e guiar suas equipes para o sucesso em um ambiente de negócios cada vez mais digitalizado.

Capítulo 29: Diversidade, Inclusão e Equidade na Liderança

A diversidade, inclusão e equidade são princípios fundamentais para a liderança eficaz na sociedade contemporânea. Líderes que compreendem a importância desses conceitos não apenas promovem ambientes de trabalho mais justos, mas também colhem os benefícios da diversidade de perspectivas e experiências. Neste capítulo, exploraremos como os líderes podem incorporar a diversidade, inclusão e equidade em suas práticas de liderança para criar organizações mais fortes e resilientes.

A Importância da Diversidade, Inclusão e Equidade

Inovação e Criatividade: Diversas perspectivas e experiências estimulam a inovação e a criatividade, levando a soluções mais eficazes e originais.

Melhoria da Tomada de Decisões: A diversidade de pensamento aprimora a qualidade das decisões, minimizando a possibilidade de pensamento de grupo.

Engajamento e Retenção: Ambientes inclusivos promovem o engajamento dos funcionários e a retenção de talentos, resultando em equipes mais produtivas e estáveis.

Melhoria da Imagem da Marca: Organizações que valorizam a diversidade e a equidade geralmente têm uma imagem de marca mais positiva e atraente.

Atendimento a Clientes Diversificados: Clientes de diferentes origens se relacionam melhor com organizações que refletem a diversidade da sociedade.

Liderança na Promoção da Diversidade, Inclusão e Equidade

Compromisso da Alta Administração: A liderança sênior deve demonstrar um compromisso claro com a diversidade, inclusão e equidade, estabelecendo um exemplo para toda a organização.

Políticas e Práticas Inclusivas: Implementar políticas e práticas que promovam a inclusão, como recrutamento equitativo e oportunidades de desenvolvimento igualitárias.

Diversificação da Liderança: Promover a diversidade na liderança, garantindo que pessoas de diferentes origens tenham acesso a cargos de liderança.

Treinamento e Conscientização: Oferecer treinamento em diversidade e inclusão para a equipe e garantir que todos compreendam os benefícios e desafios associados a esses princípios.

Comunicação Aberta: Fomentar um ambiente de comunicação aberta onde os funcionários se sintam à vontade para expressar preocupações e compartilhar suas experiências.

Avaliação e Monitoramento: Realizar avaliações regulares para medir o progresso em direção à diversidade e equidade e fazer ajustes conforme necessário.

Desafios e Respostas

Resistência à Mudança: Enfrentar a resistência à diversidade e inclusão requer uma abordagem de educação e sensibilização constante.

Construção de uma Cultura Inclusiva: Criar uma cultura inclusiva leva tempo e esforço contínuo, mas os resultados valem a pena.

Medição do Progresso: Medir o progresso em relação aos objetivos de diversidade e equidade pode ser desafiador, mas é essencial para o sucesso a longo prazo.

Conclusão

Liderar com diversidade, inclusão e equidade não é apenas um imperativo ético, mas também uma estratégia de negócios inteligente. A diversidade de pensamento e experiências impulsiona a inovação, a tomada de decisões de qualidade e a competitividade no mercado. Ao adotar políticas, práticas e valores que promovam a diversidade, inclusão e equidade, os líderes podem criar organizações mais fortes, mais justas e mais resilientes, preparadas para enfrentar os desafios e oportunidades do mundo contemporâneo.

Capítulo 30: O Futuro da Liderança: Tendências Emergentes

A liderança está sempre evoluindo, moldada pelas mudanças sociais, tecnológicas e econômicas. À medida que nos aproximamos do futuro, novas tendências emergem, redefinindo a natureza da liderança. Neste capítulo, exploraremos algumas das tendências emergentes que estão moldando o futuro da liderança e como os líderes podem se preparar para enfrentar esses desafios e oportunidades.

Tendências Emergentes na Liderança

Liderança Digital: A transformação digital está mudando a forma como as organizações operam. Líderes precisam se adaptar às demandas de um mundo cada vez mais digital, compreendendo e aproveitando as novas tecnologias.

Liderança Remota e Virtual: O trabalho remoto se tornou mais comum, exigindo que os líderes desenvolvam habilidades de liderança virtual, como comunicação eficaz e gerenciamento de equipes à distância.

Diversidade e Inclusão Contínuas: A diversidade e a inclusão continuarão a ser prioridades, com uma ênfase crescente na equidade e em medidas para garantir uma representação igualitária.

Inteligência Artificial e Automatização: A IA e a automatização estão mudando a natureza do trabalho. Líderes precisarão gerenciar a integração de tecnologias avançadas e a requalificação de suas equipes.

Habilidades Socioemocionais: À medida que as máquinas realizam tarefas técnicas, as habilidades socioemocionais, como empatia, criatividade e resolução de problemas, se tornarão ainda mais valiosas.

Sustentabilidade e Responsabilidade Social: A responsabilidade ambiental e social será uma preocupação crescente para as organizações, exigindo que os líderes incorporem considerações éticas em suas decisões.

Flexibilidade e Resiliência: Líderes precisarão ser flexíveis e resilientes para se adaptar a ambientes de negócios em constante mudança e enfrentar crises imprevistas.

Aprendizado Contínuo: A liderança eficaz requer aprendizado contínuo. Os líderes devem estar dispostos a se atualizar e a adquirir novas habilidades ao longo de suas carreiras.

Preparando-se para o Futuro da Liderança

Desenvolvimento de Habilidades Digitais: Invista em seu desenvolvimento de habilidades digitais, aprendendo sobre as tecnologias emergentes que podem afetar seu setor.

Cultive a Inteligência Emocional: Aprimore suas habilidades socioemocionais, como empatia, comunicação e resolução de conflitos.

Promova a Inclusão e Diversidade: Lute pela inclusão e diversidade em sua organização, garantindo que todas as vozes sejam ouvidas e valorizadas.

Fomente a Resiliência: Desenvolva sua capacidade de se adaptar a mudanças e enfrentar desafios com resiliência.

Promova a Aprendizagem Contínua: Esteja aberto ao aprendizado contínuo e encoraje sua equipe a fazer o mesmo.

Assuma a Responsabilidade Social: Considere o impacto social e ambiental de suas decisões e ações como líder.

Conclusão

O futuro da liderança será moldado por uma série de tendências emergentes que refletem as mudanças em nossa sociedade e economia. Para ter sucesso como líder no futuro, é essencial estar preparado para se adaptar a essas mudanças, desenvolver novas habilidades e cultivar uma mentalidade de aprendizado contínuo. Ao abraçar essas tendências e liderar com visão, flexibilidade e responsabilidade, os líderes podem prosperar em um ambiente de negócios em constante evolução.

"Liderança com Resultados: O Caminho para o Sucesso"

Se você está lendo este livro, é porque já deu o primeiro passo para se tornar um líder com resultados. A liderança eficaz não é apenas sobre dar ordens e controlar pessoas, mas sim sobre inspirar, motivar e guiar sua equipe em direção a objetivos claros e alcançáveis. Neste livro, vamos explorar os princípios fundamentais da liderança com resultados, e eu vou compartilhar com você as estratégias, habilidades e mentalidade necessárias para se tornar um líder excepcional.

Capítulo 1: Definindo sua Visão

Imagine um líder carismático, alguém que você admira profundamente. O que o torna tão inspirador? Em grande parte, é a visão que ele ou ela apresenta, uma visão que capta a imaginação e motiva as pessoas a segui-lo. Toda grande liderança começa com uma visão clara e inspiradora. A visão é o farol que guia o líder e sua equipe em direção ao futuro desejado. Neste capítulo, exploraremos a importância de definir uma visão e como você pode desenvolver e comunicar uma visão que motive e inspire sua equipe.

A Fundação da Liderança: Sua Visão

1.1 Por que a visão é fundamental?

A visão é o ponto de partida para qualquer jornada de liderança eficaz. É a declaração do destino desejado, uma imagem do que você e sua equipe aspiram alcançar. Sem uma visão clara, a liderança se torna errática e sem propósito. É como tentar navegar em um mar tempestuoso sem uma bússola.

1.2 Definindo sua visão

Para definir sua visão, você precisa começar por se fazer algumas perguntas fundamentais:

O que você deseja alcançar? Pense em seus objetivos de longo prazo. O que você quer que sua equipe realize? Qual é a contribuição que você quer fazer para sua organização ou comunidade?

Qual é o seu propósito? Sua visão deve refletir seus valores e motivações mais profundos. O que o impulsiona como líder? Qual é o propósito maior que você está buscando?

Como você imagina o futuro? Visualize o cenário ideal. Como seria o sucesso para você e sua equipe? Pintar uma imagem clara do destino desejado é essencial para inspirar outros a segui-lo.

1.3 Alinhando sua equipe à visão

Uma visão é tão poderosa quanto a capacidade de alinhar sua equipe a ela. Aqui estão algumas estratégias para fazer isso:

Compartilhe sua visão com entusiasmo: Não basta apenas ter uma visão; você deve ser capaz de comunicá-la com paixão e convicção. Pense na sua visão como uma história que você está contando. Use metáforas e imagens vívidas para pintar um quadro claro do futuro.

Envolver sua equipe: Incentive sua equipe a contribuir para a visão. Eles podem ter ideias valiosas e se sentirão mais comprometidos se tiverem um papel ativo na criação da visão.

Estabeleça metas e objetivos claros: Transforme sua visão em metas tangíveis e mensuráveis. Isso ajuda a tornar a visão mais concreta e fornece um plano de ação claro para sua equipe.

Reforçar a visão constantemente: A liderança não é um evento único. Continue a reforçar a visão regularmente, lembrando sua equipe do destino desejado e como estão progredindo em direção a ele.

Conclusão

Definir uma visão inspiradora é o primeiro passo essencial para se tornar um líder com resultados. É o alicerce sobre o qual você construirá sua jornada de liderança. Uma visão clara não apenas motiva e direciona sua equipe, mas também cria um senso de propósito e significado em sua liderança. Lembre-se de que a visão não é estática; ela pode evoluir com o tempo à medida que você e sua equipe crescem e aprendem. Portanto, esteja aberto a ajustá-la quando necessário, mas mantenha sempre a visão como sua bússola para um futuro de sucesso.

Capítulo 2: Habilidades de Comunicação

Na busca para se tornar um líder com resultados, é impossível subestimar a importância das habilidades de comunicação. A comunicação é o alicerce sobre o qual se constrói a liderança eficaz. É a ferramenta que permite que você inspire, motive e influencie sua equipe de maneira positiva. Neste capítulo, vamos aprofundar nas habilidades de comunicação essenciais que todo líder com resultados deve dominar para alcançar o sucesso.

2.1 A Importância da Comunicação na Liderança

A comunicação é uma via de duas mãos que envolve falar e ouvir. Quando bem utilizada, a comunicação estabelece conexões significativas com os membros da equipe, melhora o entendimento e cria um ambiente de trabalho colaborativo. Aqui estão algumas razões pelas quais a comunicação é tão crucial:

Inspiração e Motivação: Líderes eficazes comunicam uma visão inspiradora que motiva os outros a se esforçarem em direção aos objetivos comuns.

Resolução de Conflitos: Boa comunicação é a chave para lidar com conflitos de forma construtiva, promovendo a harmonia e a resolução de problemas.

Construção de Confiança: Comunicar-se de maneira transparente e consistente ajuda a construir a confiança da equipe em você como líder.

2.2 Habilidades de Comunicação Essenciais

Aqui estão algumas habilidades de comunicação essenciais que você precisa desenvolver:

Ouvir Ativamente: A escuta ativa envolve dar total atenção ao interlocutor, fazendo perguntas pertinentes e demonstrando interesse genuíno em entender o que estão dizendo. Isso não apenas melhora a compreensão, mas também mostra respeito e empatia.

Comunicar com Clareza: Evite ambiguidades e garantir que sua mensagem seja clara e direta é fundamental. Use uma linguagem simples e evite jargões desnecessários.

Feedback Construtivo: Saiba dar feedback de maneira construtiva e equilibrada. Em vez de apontar erros, concentre-se em oportunidades de melhoria e forneça exemplos concretos.

Comunicar com Empatia: Tente compreender as emoções e perspectivas dos outros. Isso não só ajuda a resolver conflitos, mas também cria um ambiente de trabalho mais positivo.

Ser Persuasivo: A persuasão eficaz envolve apresentar argumentos sólidos e convincentes que levem os outros a aceitar suas ideias ou tomar medidas.

2.3 Aprimorando suas Habilidades de Comunicação

Aprimorar suas habilidades de comunicação requer prática e autoconsciência. Aqui estão algumas estratégias para melhorar sua comunicação:

Autoconhecimento: Avalie suas próprias habilidades de comunicação e identifique áreas de melhoria. Peça feedback regularmente e esteja disposto a aprender com os erros.

Treinamento e Desenvolvimento: Considere participar de cursos de comunicação ou workshops que ensinem habilidades específicas de comunicação, como negociação, apresentação e liderança de reuniões.

Mentoria e Modelagem: Procure mentores ou líderes que se destacam na comunicação e observe suas técnicas. A modelagem de comportamentos eficazes pode ser uma maneira valiosa de aprender.

Exercite a Empatia: Pratique a empatia ouvindo ativamente e colocando-se no lugar dos outros. Isso ajudará a melhorar seu relacionamento com os membros da equipe.

Conclusão

A comunicação é a espinha dorsal da liderança eficaz. Dominar as habilidades de comunicação, como ouvir ativamente, dar feedback construtivo e comunicar de maneira clara e persuasiva, é essencial para inspirar, motivar e influenciar sua equipe na direção dos resultados desejados. Lembre-se de que a comunicação é uma habilidade que pode ser constantemente aprimorada ao longo de sua jornada de liderança. Quanto mais você investir no desenvolvimento de suas habilidades de comunicação, mais eficaz será como líder e mais sucesso você alcançará com sua equipe.

Capítulo 3: Construindo Equipes de Alto Desempenho

Uma equipe forte é a pedra angular de qualquer liderança eficaz. Se você deseja alcançar resultados excepcionais, precisa de uma equipe que esteja alinhada com sua visão, motivada e capaz de colaborar efetivamente. Neste capítulo, vamos explorar como construir e liderar equipes de alto desempenho. Discutiremos estratégias para recrutar, desenvolver e manter talentos em sua equipe, bem como como lidar com conflitos e promover um ambiente de trabalho colaborativo.

3.1 Recrutando Talentos

A construção de uma equipe de alto desempenho começa com a seleção dos membros certos. Aqui estão algumas estratégias para recrutar talentos:

Defina critérios claros: Antes de começar o processo de recrutamento, defina os critérios que são mais importantes para sua equipe. Quais habilidades, experiências e valores são essenciais para atingir seus objetivos?

Ampla divulgação: Anuncie as vagas de forma ampla para atrair uma ampla gama de candidatos. Use diferentes canais, como redes sociais, sites de emprego e indicações de funcionários.

Entrevistas eficazes: Realize entrevistas detalhadas e faça perguntas que ajudem a avaliar não apenas as habilidades técnicas, mas também a adequação cultural e a capacidade de trabalho em equipe.

Avaliação de habilidades práticas: Dependendo da função, pode ser útil solicitar que os candidatos realizem tarefas práticas ou exercícios que demonstrem suas habilidades.

3.2 Desenvolvendo Talentos

O desenvolvimento contínuo dos membros da equipe é fundamental para o alto desempenho. Aqui estão algumas maneiras de fazer isso:

Plano de desenvolvimento individual: Trabalhe com cada membro da equipe para criar um plano de desenvolvimento individual que identifique metas de crescimento e recursos necessários.

Treinamento e mentoria: Ofereça treinamento e oportunidades de aprendizado, e promova a mentoria dentro da equipe.

Feedback contínuo: Fornecer feedback regular e construtivo ajuda os membros da equipe a melhorar e crescer.

3.3 Lidando com Conflitos

Os conflitos são inevitáveis em qualquer equipe, mas a forma como são gerenciados pode fazer a diferença entre uma equipe de alto desempenho e uma equipe disfuncional. Aqui estão algumas estratégias para lidar com conflitos de maneira construtiva:

Comunique-se abertamente: Estabeleça um ambiente em que os membros da equipe se sintam à vontade para expressar preocupações e resolver conflitos.

Mediação: Se necessário, atue como mediador para ajudar a resolver conflitos e promover um entendimento mútuo.

Foco na solução: Concentre-se em encontrar soluções práticas para os conflitos em vez de culpar ou apontar dedos.

3.4 Promovendo a Colaboração

A colaboração eficaz é o que transforma um grupo de indivíduos em uma equipe de alto desempenho. Aqui estão algumas maneiras de promover a colaboração:

Estabeleça metas compartilhadas: Certifique-se de que todos na equipe compreendam e estejam comprometidos com as metas e objetivos comuns.

Comunicação aberta: Promova uma comunicação aberta e transparente dentro da equipe. Isso inclui ouvir ativamente, compartilhar informações e ideias e respeitar as opiniões dos outros.

Reconhecimento e recompensa: Reconheça e recompense o trabalho em equipe e os esforços colaborativos. Isso incentiva a colaboração contínua.

Conclusão

Construir e liderar equipes de alto desempenho é uma habilidade fundamental para um líder com resultados. Uma equipe forte é essencial para alcançar resultados excepcionais e superar desafios. Ao recrutar talentos de forma criteriosa, desenvolver constantemente as habilidades da equipe, lidar com conflitos de maneira construtiva e promover um ambiente de trabalho colaborativo, você estará construindo uma base sólida para o sucesso. Lembre-se de que liderar uma equipe é uma jornada contínua de aprendizado e aprimoramento, e o investimento em desenvolver sua equipe valerá a pena quando você alcançar resultados excepcionais juntos.

Capítulo 4: Tomando Decisões Estratégicas

A liderança eficaz envolve uma série constante de decisões, algumas das quais podem ser difíceis e impactantes. Tomar decisões estratégicas é uma das habilidades fundamentais de um líder com resultados. Neste capítulo, exploraremos as estratégias para tomar decisões informadas, alinhadas com sua visão e que levem à realização de seus objetivos. Você aprenderá como pesar as opções disponíveis, considerar as consequências e agir com confiança.

4.1 A Importância das Decisões Estratégicas

As decisões que você toma como líder têm um impacto direto na direção que sua equipe e organização tomam. Aqui estão algumas razões pelas quais as decisões estratégicas são fundamentais:

Alinhamento com a Visão: Suas decisões devem estar alinhadas com a visão que você definiu no Capítulo 1.

Elas são os passos concretos em direção aos objetivos que você estabeleceu.

Impacto nas Equipes: Suas decisões afetam diretamente sua equipe. Decisões bem pensadas podem inspirar e motivar, enquanto decisões equivocadas podem causar desmotivação e desconfiança.

Gestão de Recursos: Decisões estratégicas envolvem a alocação de recursos, como tempo, dinheiro e talento. Gerenciar esses recursos de forma eficaz é crucial para o sucesso.

4.2 Estratégias para Tomar Decisões Estratégicas

Aqui estão algumas estratégias que você pode seguir para tomar decisões estratégicas informadas:

Coleta de Informações: Reúna informações relevantes antes de tomar uma decisão. Isso pode incluir pesquisas, análise de dados, consultas a especialistas e discussões com a equipe.

Avaliação de Opções: Liste todas as opções disponíveis e avalie seus prós e contras. Pergunte-se como cada opção se encaixa em sua visão e nos objetivos que você definiu.

Análise de Riscos e Consequências: Considere as possíveis consequências de cada opção, tanto a curto quanto a longo prazo. Avalie os riscos associados a cada decisão e como eles podem ser mitigados.

Consulta e Colaboração: Consulte sua equipe ou colegas de confiança. Ouvir diferentes perspectivas pode enriquecer sua compreensão da situação e levar a decisões mais bem fundamentadas.

Tomada de Decisão Ética: Lembre-se sempre dos princípios éticos que guiam sua liderança. Decisões éticas são fundamentais para manter a confiança da equipe e alcançar resultados sustentáveis.

4.3 Agindo com Confiança

Tomar decisões estratégicas muitas vezes requer coragem e confiança. Aqui estão algumas dicas para agir com confiança:

Comprometimento: Depois de tomar uma decisão informada, comprometa-se com ela. A indecisão pode minar a confiança da equipe.

Comunicação Clara: Comunique suas decisões de maneira clara e transparente. Explique os motivos por trás delas e como elas estão alinhadas com a visão e objetivos.

Flexibilidade: Esteja disposto a ajustar suas decisões se novas informações ou circunstâncias exigirem. A flexibilidade é uma qualidade valiosa em um líder.

Conclusão

Tomar decisões estratégicas é uma parte essencial da liderança com resultados. Ao seguir estratégias para coletar informações, avaliar opções, considerar consequências e agir com confiança, você estará melhor preparado para tomar decisões que levem sua equipe na direção certa. Lembre-se de que a tomada de decisão é uma habilidade que pode ser aprimorada com o tempo e a experiência. À medida que você se torna mais confiante em suas habilidades de tomada de decisão, estará mais bem equipado para liderar sua equipe em direção ao sucesso e alcançar os resultados desejados.

Capítulo 5: Desenvolvendo Habilidades de Resolução de Problemas

Um líder eficaz é aquele que não apenas enfrenta desafios, mas também os aborda de maneira sistemática e criativa. A habilidade de resolução de problemas é uma competência fundamental para líderes que buscam resultados excepcionais. Neste capítulo, exploraremos como desenvolver habilidades de resolução de problemas eficazes, permitindo que você enfrente desafios de maneira estruturada e aproveite a criatividade de sua equipe para encontrar soluções inovadoras.

5.1 A Importância da Resolução de Problemas

A resolução de problemas é uma habilidade crítica para a liderança eficaz por várias razões:

Melhor Tomada de Decisão: A capacidade de analisar problemas de forma estruturada ajuda a tomar decisões informadas e baseadas em evidências.

Aprendizado Contínuo: Resolver problemas exige a busca constante por conhecimento e experiência, o que contribui para o desenvolvimento pessoal e profissional.

Promoção da Inovação: A resolução de problemas eficaz muitas vezes envolve pensar de forma criativa e encontrar soluções inovadoras para desafios complexos.

5.2 Estratégias para Desenvolver Habilidades de Resolução de Problemas

Aqui estão algumas estratégias para desenvolver habilidades de resolução de problemas eficazes:

Entenda o Problema: Antes de começar a buscar soluções, é fundamental entender completamente o problema. Defina claramente o que está errado, quais são os desafios e quais são as causas subjacentes.

Quebre o Problema em Etapas: Divida o problema em partes menores e abordáveis. Isso facilita a análise e a resolução de cada componente individualmente.

Reúna Informações: Colete dados e informações relevantes para entender melhor o problema. Isso pode envolver pesquisa, análise de dados e consulta a especialistas.

Explore Diferentes Perspectivas: Considere diferentes pontos de vista e envolva sua equipe na busca por soluções. A diversidade de perspectivas pode levar a soluções mais criativas.

Pense de Forma Criativa: Explore alternativas criativas para resolver o problema. Encoraje a geração de ideias inovadoras e a experimentação.

Avalie as Consequências: Antes de implementar uma solução, avalie as consequências potenciais em curto e longo prazo. Pondere os riscos e benefícios.

5.3 Promovendo a Colaboração na Resolução de Problemas

A colaboração é uma parte essencial da resolução de problemas eficaz. Aqui estão algumas maneiras de promover a colaboração:

Crie um Ambiente de Confiança: Estabeleça um ambiente em que os membros da equipe se sintam à vontade para contribuir com ideias e opiniões, sem medo de críticas ou julgamentos.

Incentive a Diversidade de Pensamento: Valorize a diversidade de perspectivas e opiniões em sua equipe. Isso pode levar a soluções mais abrangentes e criativas.

Realize Reuniões de Brainstorming: Realize sessões de brainstorming em equipe para gerar ideias e soluções. Certifique-se de que todos os membros da equipe tenham a oportunidade de contribuir.

Forneça Espaço para Experimentação: Encoraje a experimentação e o teste de soluções. Esteja disposto a aceitar erros como parte do processo de aprendizado.

Conclusão

Desenvolver habilidades de resolução de problemas é fundamental para a liderança com resultados. Ao abordar os desafios de maneira sistemática, coletar informações relevantes, explorar soluções criativas e promover a colaboração em sua equipe, você estará preparado para enfrentar uma ampla gama de problemas e desafios com confiança. Lembre-se de que a resolução de problemas é uma habilidade que pode ser aprimorada com a prática e a experiência. Quanto mais você a desenvolver, mais eficaz será como líder na superação de obstáculos e na busca por resultados excepcionais.

Capítulo 6: Liderança Inspiradora

Liderar com inspiração é a essência da liderança verdadeira e eficaz. É a capacidade de ir além das tarefas e resultados para motivar e elevar sua equipe a alcançar níveis extraordinários de desempenho. Neste capítulo, vamos explorar o que significa ser um líder inspirador e como você pode cultivar essa qualidade, incentivando o desenvolvimento pessoal e profissional de seus colaboradores.

6.1 Compreendendo a Liderança Inspiradora

A liderança inspiradora vai muito além de apenas dar comandos ou supervisionar tarefas. Ela envolve a capacidade de criar um ambiente de trabalho onde os membros da equipe se sintam motivados, engajados e dedicados a alcançar metas comuns. Os líderes inspiradores não apenas orientam suas equipes, mas também as inspiram a abraçar a visão, valores e metas da organização.

6.2 Qualidades de um Líder Inspirador

O que define um líder inspirador? Aqui estão algumas qualidades fundamentais:

Visão Clara: Os líderes inspiradores têm uma visão clara e inspiradora que ressoa com a equipe. Eles pintam um quadro do futuro desejado que cativa a imaginação e motiva a ação.

Paixão e Comprometimento: A paixão pelo que fazem é contagiosa. Líderes inspiradores demonstram um comprometimento inabalável com sua visão e metas.

Comunicação Empática: Eles ouvem ativamente e se preocupam com as preocupações e perspectivas dos membros da equipe. Isso cria um ambiente de trabalho onde todos se sentem valorizados.

Modelagem de Comportamento: Líderes inspiradores não apenas falam, mas também agem de acordo com seus valores e expectativas. Eles estabelecem o exemplo a ser seguido.

Desenvolvimento Pessoal e Profissional: Eles investem no desenvolvimento pessoal e profissional de seus colaboradores, promovendo um ambiente de aprendizado contínuo.

6.3 Incentivando o Desenvolvimento da Equipe

Uma parte importante de ser um líder inspirador é incentivar o desenvolvimento pessoal e profissional de sua equipe. Aqui estão algumas estratégias para fazer isso:

Defina Metas de Desenvolvimento: Trabalhe com cada membro da equipe para definir metas de desenvolvimento individuais. Isso mostra que você está comprometido com seu crescimento.

Forneça Recursos e Oportunidades: Ofereça treinamento, mentoria e oportunidades de aprendizado para ajudar sua equipe a adquirir novas habilidades e conhecimentos.

Reconheça e Celebre o Progresso: Reconheça e celebre os marcos alcançados pelos membros da equipe. Isso os motiva a continuar crescendo.

Promova o Autodesenvolvimento: Encoraje a autodescoberta e a busca de conhecimento fora do ambiente de trabalho. Isso pode incluir leitura, cursos online e participação em eventos relevantes.

6.4 O Poder da Inspiração na Cultura Organizacional

A liderança inspiradora não apenas beneficia os indivíduos, mas também tem um impacto significativo na cultura organizacional. Uma cultura inspiradora promove a inovação, a colaboração e o comprometimento de toda a equipe. Ela cria um ambiente em que as pessoas se sentem valorizadas, motivadas e empoderadas a contribuir para o sucesso da organização.

Conclusão

A liderança inspiradora é uma qualidade que vai além de tarefas e resultados; ela envolve a capacidade de motivar, elevar e desenvolver sua equipe. Cultivar essa habilidade requer paixão, comprometimento, comunicação empática e um forte compromisso com o desenvolvimento pessoal e profissional de seus colaboradores. Ao ser um líder inspirador, você não apenas conduzirá sua equipe ao sucesso, mas também contribuirá para a criação de uma cultura organizacional vibrante e positiva. Lembre-se de que a inspiração é uma qualidade que pode ser cultivada e aprimorada ao longo do tempo, à medida que você se torna um líder mais eficaz e motivador.

Capítulo 7: Mensuração e Melhoria Contínua

Na liderança com resultados, a avaliação constante é fundamental para alcançar e manter o sucesso. O Capítulo 7 aborda como definir indicadores-chave de desempenho (KPIs), medir o progresso e implementar melhorias contínuas. A busca por metas cada vez mais altas é um componente essencial para manter a excelência.

7.1 A Importância da Mensuração

A mensuração é essencial para o progresso e a melhoria contínua. Ela fornece insights sobre o desempenho atual e ajuda a identificar áreas que necessitam de atenção. Aqui estão algumas razões pelas quais a mensuração é crucial:

Acompanhamento do Progresso: Os indicadores-chave de desempenho (KPIs) ajudam a rastrear o progresso em direção às metas estabelecidas.

Identificação de Oportunidades de Melhoria: Através da análise dos dados, é possível identificar áreas onde melhorias podem ser implementadas.

Tomada de Decisão Informada: Os dados fornecem uma base sólida para a tomada de decisões informadas, ajudando a priorizar esforços e recursos.

7.2 Definindo Indicadores-Chave de Desempenho (KPIs)

Para medir o sucesso, é necessário definir KPIs relevantes para sua equipe e metas. Aqui estão algumas diretrizes para definir KPIs eficazes:

Relevância para as Metas: Os KPIs devem estar diretamente relacionados aos objetivos e metas que você definiu. Eles devem responder à pergunta: "Isso nos leva mais perto de nossos objetivos?"

Mensurabilidade: Os KPIs devem ser mensuráveis com precisão. Isso significa que você deve ser capaz de coletar dados ou informações que os sustentem.

Alinhamento com Valores e Visão: Certifique-se de que seus KPIs estejam alinhados com os valores e visão de sua equipe ou organização.

Monitoramento Contínuo: Estabeleça um processo de monitoramento contínuo para seus KPIs, de modo que você possa acompanhar o progresso regularmente.

7.3 Implementando Melhorias Contínuas

A melhoria contínua envolve ações sistemáticas para aprimorar o desempenho e atingir metas mais ambiciosas. Aqui estão algumas estratégias para implementar melhorias contínuas:

Análise de Dados: Use os dados coletados por meio dos KPIs para identificar áreas que precisam de melhorias.

Definição de Metas Mais Altas: À medida que você alcança metas, estabeleça metas mais altas e desafiadoras. Isso incentiva a busca da excelência.

Experimentação: Esteja disposto a experimentar novas abordagens e soluções para problemas. O fracasso ocasional faz parte do processo de melhoria.

Feedback e Aprendizado: Promova uma cultura de feedback construtivo e aprendizado dentro de sua equipe. Use as experiências para melhorar continuamente.

7.4 Liderando pelo Exemplo

Como líder, você deve liderar pelo exemplo quando se trata de mensuração e melhoria contínua. Demonstre seu compromisso com a avaliação constante e a busca de excelência. Seja transparente em relação aos KPIs e ao progresso em direção às metas. Incentive e reconheça a contribuição de sua equipe para o processo de melhoria contínua.

Conclusão

A liderança com resultados exige um compromisso constante com a mensuração e a melhoria contínua. A definição de KPIs relevantes, o acompanhamento do progresso e a implementação de melhorias sistemáticas são componentes essenciais para atingir metas cada vez mais altas. Lembre-se de que a busca pela excelência é uma jornada contínua e que a liderança pelo exemplo desempenha um papel fundamental na motivação e no engajamento de sua equipe. Ao adotar uma abordagem centrada em dados e melhorias contínuas, você estará no caminho certo para alcançar e superar suas metas de liderança com resultados.

Capítulo 8: Superando Obstáculos

A jornada de liderança é repleta de desafios e obstáculos que testam a resiliência e a determinação do líder. No Capítulo 8, exploraremos como identificar e superar obstáculos comuns que podem surgir ao longo do caminho, incluindo a resistência à mudança, adversidades inesperadas e a gestão eficaz do tempo.

8.1 Resistência à Mudança

A resistência à mudança é um desafio comum em qualquer ambiente organizacional. Quando você introduz novas ideias, processos ou iniciativas, pode encontrar resistência por parte da equipe. Aqui estão algumas estratégias para superar essa resistência:

Comunicação Clara e Transparente: Explique claramente por que a mudança é necessária e como ela beneficiará a equipe e a organização como um todo.

Envolvimento da Equipe: Inclua os membros da equipe no processo de tomada de decisão sempre que possível. Isso os faz sentir que têm um papel ativo na mudança.

Educação e Treinamento: Fornecer treinamento e recursos para ajudar a equipe a se adaptar às mudanças. Quanto mais preparados estiverem, menos resistência irão mostrar.

Reconhecimento e Incentivos: Reconheça e recompense as contribuições da equipe durante o período de transição. Isso pode motivar a aceitação da mudança.

8.2 Superando Adversidades Inesperadas

Na liderança, você inevitavelmente enfrentará adversidades inesperadas, como crises, conflitos internos e desafios imprevistos. Aqui estão algumas maneiras de superar essas adversidades:

Mantenha a Calma e o Foco: Em momentos de crise, é essencial manter a calma e o foco. Isso permite tomar decisões racionais e eficazes.

Comunique-se Abertamente: Mantenha a comunicação aberta e transparente com a equipe. Eles precisam entender a situação e saber como estão sendo afetados.

Aprenda com a Adversidade: Veja as adversidades como oportunidades de aprendizado. Após superá-las, reflita sobre o que pode ser melhorado no futuro.

Construa Resiliência: Desenvolva sua própria resiliência emocional para lidar melhor com o estresse e as pressões que surgem em momentos difíceis.

8.3 Gestão Eficaz do Tempo

A gestão do tempo é um obstáculo comum para líderes, pois há muitas demandas concorrentes em suas responsabilidades. Aqui estão algumas estratégias para gerenciar eficazmente seu tempo:

Priorização: Identifique as tarefas mais importantes e priorize-as. Concentre-se nas atividades que têm o maior impacto em seus objetivos.

Delegação: Delegue tarefas sempre que possível. Confie em sua equipe para assumir responsabilidades e compartilhar a carga de trabalho.

Agenda Estruturada: Mantenha uma agenda organizada, reservando tempo para tarefas específicas e evitando interrupções.

Defina Limites: Saiba quando dizer "não" e estabeleça limites para evitar sobrecarregar-se.

8.4 Busque Apoio e Aprendizado Constante

Ao enfrentar obstáculos, é importante lembrar que você não está sozinho. Busque o apoio de colegas, mentores e coaches para orientação e aconselhamento. Além disso, esteja sempre disposto a aprender com suas experiências e a buscar a melhoria contínua, tanto em sua liderança quanto em sua capacidade de superar desafios.

Conclusão

Superar obstáculos é uma parte inevitável da jornada de liderança. Ao enfrentar a resistência à mudança, lidar com adversidades inesperadas e gerenciar eficazmente o tempo, você fortalecerá suas habilidades de liderança e se tornará mais resiliente. Lembre-se de que cada desafio apresenta uma oportunidade de crescimento e aprendizado. Ao abordá-los com determinação e as estratégias certas, você estará no caminho certo para superar obstáculos e alcançar seus objetivos de liderança com resultados.

Capítulo 9: Ética e Responsabilidade

A liderança com resultados não é apenas sobre alcançar metas e objetivos; ela também deve ser fundamentada em princípios éticos sólidos. O Capítulo 9 aborda a importância da ética na liderança e a necessidade de manter a responsabilidade pessoal e corporativa.

9.1 A Importância da Ética na Liderança

A ética desempenha um papel central na liderança eficaz. Ela não apenas define o caráter e a integridade de um líder, mas também influencia a cultura organizacional e a confiança da equipe e das partes interessadas. Aqui estão algumas razões pelas quais a ética é fundamental na liderança com resultados:

Construção de Confiança: Líderes éticos são percebidos como confiáveis e dignos de respeito. Isso promove a confiança da equipe e o comprometimento com a visão e os objetivos.

Tomada de Decisão Sustentável: Decisões éticas são mais propensas a levar a resultados sustentáveis a longo prazo. Elas consideram não apenas os interesses imediatos, mas também as implicações de longo prazo.

Reputação da Organização: Líderes éticos ajudam a construir e proteger a reputação da organização. Uma reputação sólida pode atrair talentos, clientes e investidores.

Respeito pelas Partes Interessadas: A ética implica em considerar e respeitar os interesses e direitos de todas as partes interessadas, não apenas os acionistas ou a alta administração.

9.2 Responsabilidade Pessoal e Corporativa

A responsabilidade é um componente fundamental da ética na liderança. Ela abrange tanto a responsabilidade pessoal do líder quanto a responsabilidade corporativa da organização. Aqui estão algumas maneiras de manter a responsabilidade:

Compromisso com a Integridade: Líderes éticos comprometem-se com a integridade pessoal, agindo de maneira consistente com seus valores e princípios.

Transparência: Promova a transparência nas operações da organização. Isso inclui comunicar de forma aberta sobre objetivos, desempenho e desafios.

Accountability (Responsabilização): Estabeleça processos de prestação de contas claros, onde a liderança e a equipe são responsáveis pelos resultados e ações.

Ética na Cultura Organizacional: Promova uma cultura organizacional que valorize a ética e recompense o comportamento ético.

Resposta Ética a Erros: Quando ocorrerem erros ou violações éticas, responda a eles de maneira ética e construtiva, em vez de encobri-los.

9.3 Desafios Éticos e Tomada de Decisão

Os líderes muitas vezes enfrentam desafios éticos complexos que exigem tomada de decisão difícil. Ao enfrentar esses desafios, considere:

Consultar Orientação Ética: Consulte conselheiros éticos, colegas ou mentores para obter perspectivas externas e orientação.

Ponderar Consequências Éticas: Considere cuidadosamente as implicações éticas de suas decisões, tanto a curto quanto a longo prazo.

Priorizar Valores Fundamentais: Lembre-se de seus valores fundamentais e princípios éticos ao tomar decisões difíceis.

Conclusão

A ética e a responsabilidade são pilares fundamentais da liderança com resultados. Líderes éticos constroem confiança, tomam decisões sustentáveis e promovem uma cultura organizacional saudável. Manter a responsabilidade pessoal e corporativa é uma parte fundamental dessa abordagem ética. À medida que você lidera com integridade e responsabilidade, não apenas alcançará resultados notáveis, mas também construirá relacionamentos duradouros e uma reputação positiva para si mesmo e para a organização que lidera.

Neste livro, exploramos as dimensões multifacetadas da liderança de qualidade. Liderar não é uma tarefa fácil, mas com dedicação, aprendizado contínuo e um compromisso genuíno com o desenvolvimento pessoal e organizacional, você pode se tornar um líder eficaz e inspirador. Espero que as informações e estratégias compartilhadas aqui o ajudem a guiar o caminho para o sucesso como líder.

A liderança é uma jornada contínua, e este livro é apenas o começo. À medida que você avança em sua carreira como líder, lembre-se de sempre buscar a excelência, ser um modelo para os outros e trabalhar em direção a um mundo melhor por meio da liderança de qualidade. Liderar é uma responsabilidade que molda o futuro, e você está preparado para liderar com distinção.